誌友会のためのブックレットシリーズ5

病気はこうして治る

―― 原理篇 ――

編者　一般財団法人　世界聖典普及協会

生長の家

お薦《すす》めします

この本は一九八二年、今から三十六年前に世界聖典普及協会から出版されました。当時夫はここに勤務して、この本を編集していました。私はというと、第二子《だいにし》の出産を一か月後に控《ひか》えていました。夫から贈られた新刊書は、谷口雅春先生の講話テープとセットになっていて「豪《ごう》華《か》な本ができた」と思いました。一通り中《なか》を見ましたが、出産前の私にとって、丁寧《ていねい》に読む心の余裕《よゆう》がありませんでした。そして、二人の活発な男児の子育てに追われ、さらに長女も生まれて〝人生の夏〟へ突入《とつにゅう》しました。私は幸い、病気との縁《えん》もなかったので『病気に勝つ』というタイトルだったこの本を詳《くわ》しく読む機会はなく、六十代半《なか》ばを越したのでした。

ところが最近、私は健康に関するエッセーを書きました。自分の書いた内容を確認するため、本を参考にしたいと思ったとき、『病気に勝つ』という本があったことを思い出しました。書棚から取り出し読み始めて、その内容の確かさに驚き、引きつけられて一気に読み終えました。病気と心、薬と体との関係、また人間の免疫系《めんえきけい》の働きなどを現代科学の知識を織《お》り交《ま》ぜながら、論理的にわかりやすく説明しています。読みながら「この部分は本当？」などと疑問が浮かぶと、次の章には疑問に答えるような詳しい説明があるなど、行き届いた編集になっています。

現代は健康や病気について、様々《さまざま》な情報がインターネットを行《ゆ》き交《か》い、人々は玉石混交《ぎょくせきこんこう》の情報に振り回されている感があります。読者から「治病《ちびょう》に関する小冊子《しょうさっし》を出してほしい」という要望も寄せられていました。そこで、この本を「誌友会《しゆうかい》のためのブックレットシリーズ」に入れて出版すれば、そんな要望《ようぼう》にもお応《こた》えできると思いました。用途に応《おう》じて手軽に開けるように、単行本一冊の内容を「原理篇」と「実践篇」の二冊のブックレットとしました。かつてカセットテープに収められていた谷口雅春先生のご講話《こうわ》は、今はＣＤとなって世界聖典普及協会からお求めいただけます。

この本を精読《せいどく》されることにより、読者は人間の心と体の関係、それらに備わる自然治癒力《しぜんちゆりょく》の偉大さにきっと感銘《かんめい》を受けられるでしょう。そして、心の安らぎを覚《おぼ》えられることと思います。

皆様の健康で明るい日々をお祈りいたします。

合掌

谷口　純子（生長の家白鳩会総裁）

『病気に勝つ―解説書―』初版のはしがき

本書は、「生長の家」で説《と》いている治病《ちびょう》の原理をわかりやすく説明したものです。現在行われている治療法はいろいろありますが、心が体におよぼす影響をあまり考慮《こうりょ》に入れず、対症《たいしょう》療法《りょうほう》*1的に薬を投《とう》じたり、手術によって悪い所を切り取るという方法が多いようです。しかし、これだけでは、一時的には良い場合もあるでしょうが、反対に薬の多用による副作用があったり、他に転移《てんい》したり、また再発することもあります。それではいったい病気を根本的《こんぽんてき》に治療し、転移や再発をふせぐ方法はないものでしょうか？　それには心と体の関係を知り、心を調和《ちょうわ》ある状態にしなければなりません。

人間は本来、健康なのがあたりまえです。病気は心の中にある「ストレス」や「迷い」が原因です。この「ストレス」や「迷い」を取りされば、生命の自然療能力《しぜんりょうのうりょく》が働いて、病気が治ります。この「ストレス」や「迷い」を取りさるには、人間の本当の姿が完全であることを知って感謝することであります。

このように本書では、病気の原因とは何か？　また、本来の健康な姿を現わすためにはどうすればよいか、などを具体的にくわしく書いています。

この治療法は、従来《じゅうらい》の物質的治療に対してメタフィジカル・ヒーリング（metaphysical healing, 超物質的治療法《ちょうぶっしつてきちりょうほう》）とよばれており、「生長の家」の原典である『生命《せいめい》の實相《じっそう》』で詳説《しょうせつ》しています。説いているだけではなく、この『生命の實相』を読んだことが精神の一大転機となり、そこから現在の医学界では難病とされている「ガン」や「膠原病《こうげんびょう》」などが治った例も出ています。

現在、病気中の人も、この本を読んで自分の「生命力」に自信をもたれ、一日も早く健康を回復されんことを願ってやみません。

編　者

＊1　対症療法　病気の原因に対してではなく、その時の症状を軽減するために行われる治療法。痛みに鎮痛剤《ちんつうざい》を与えるなど。

病気はこうして治る——原理篇——　目次

第二章　心の力

本文イラスト・永谷宗宏

凡　例

一、本書の底本には、『新版　病気に勝つ―解説書―』（世界聖典普及協会、二〇〇三年／初版発行は一九八二年）を用いた。
二、本書は、底本の第一章から第三章に『病気はこうして治る――原理篇――』とタイトルを付して刊行するものである。
三、本ブックレットシリーズに収めるにあたって、読みやすくするために、以下のような整理を行った。
（1）本文の活字を大きくした。
（2）底本の註の内容を更新し、新たな註を追加した。
（3）読みにくい漢字には振りがなをつけ加えた。
四、底本の明らかな誤植は、適宜改めた。
五、本書の底本の第四章と第五章は、本ブックレットシリーズ6の『病気はこうして治る――実践篇――』の第一章と第二章に収められるため、その旨、本文の該当箇所を改めた。
六、今日では差別的とされる表現は、著作権者の了解を得て、以下のように改めた。
アルコール中毒患者→アルコール依存症者（五二、五四頁）

第一章　病気はなぜ治るか？

あなたが治す

皆さんは、病気が治るのはいったいなぜだとお考えですか？　病気が治るのは薬を飲んだからでしょうか？　手術で患部《かんぶ》を取《と》り除《のぞ》いたからでしょうか？　それともバイキンが死滅《しめつ》していなくなったからでしょうか？——これらは、いずれも病気が治る手助けをしたかもしれませんが、病気が治る根本原因《こんぽんげんいん》ではありません。根本原因は、あなたの生命の力です。薬や手術は、生命力が働きやすくなるように、その障害物《しょうがいぶつ》を取り除くために与えられ、行われますが、病気の体を最終的に健康体へ戻《もど》すのは、あなたの生命力以外のものではありません。薬はバイキンを殺し、体の組織の活動を刺激《しげき》して活発にします。手術は体の構造を修繕《しゅうぜん》し、異常な部分があれば切除《せつじょ》します。しかし、死んでしまった人に薬を与えたり、手術をする医者はいません。患者が死んでしまえば、どんなにバイキンを殺し、組織を刺激し、体の構造を手術で整えてみても、もう生命力がそこにはないので、病気は治りようがありません。

ガンの各種治療法

昭和五十六年に、ガンが脳卒中《のうそっちゅう》を押しのけて、ついに日本人の死因のトップにおどり出ました。その後、ガンは死因要因として一貫《いっかん》して上昇を続け、二十余年《よねん》経過した平成十四年の死因順位＊1をみても第一位です。このガンを治療するにも、まず患者の生命力が強靭《きょうじん》であることが必要です。

日本で支配的なガンの定義は「正常な細胞が何かの原因によってその性質と形を変え、分化《ぶんか》をせずに分裂《ぶんれつ》と増殖《ぞうしょく》ばかりを続け、やがて宿主《しゅくしゅ》＊2を死に至らせるもの」というものです。つまり、ガンは、食中毒や結核《けっかく》やインフルエンザのように、病原菌《びょうげんきん》が人間の外部から侵入《しんにゅう》してきたために起る病気ではなく、正常細胞《せいじょうさいぼう》が突然、ガン細胞に化《ば》けるという変《かわ》り種《だね》です。現在、ガンの治療には、外科手術、放射線療法《ほうしゃせんりょうほう》＊3、化学療法《かがくりょうほう》、それに免疫療法《めんえきりょうほう》＊4やインターフェロン＊5などのウイルス抑制因子《よくせいいんし》による治療法などが複合的《ふくごうてき》に用いられ、早期に発見されたガンの治癒率《ちゆりつ》は向上してきているとはいえ、そのどの療法を行うにも、患者の生命力がある程度以上活発でなければなりません。そういう意味で、体力的に衰《おとろ》えた末期ガンの患者は、よく〝絶望〟と見られるのです。

最近では、遺伝子療法《いでんしりょうほう》*6なども試みられるようになってきましたが、この治療法は、患者の遺伝子の免疫力《めんえきりょく》を強化したり、失われたがん抑制遺伝子《よくせいいでんし》をがん細胞に導入《どうにゅう》して治療する方法で、“体にやさしい治療法”だとされていますが、まだ研究段階なので、実用化には、五~十年かかるといわれています。また、その安全性については分からないことが多いのです。いちばんよく行われているのは外科手術ですが、これは患者の体力が手術に耐えられることが第一条件です。高齢の人や、心臓や肺が弱っている人は、他の方法を考えねばなりません。こういう人たちのために、高圧Ｘ線《こうあつえっくすせん》*7やガンマ線*8などでガン細胞を破壊する放射線療法《ほうしゃせんりょうほう》がありますが、この療法でも、五年生存率（治療後、五年たっても生きていた人の割合）は改善されてきたとはいえ、生存の確率はかなり低いのです。さらに、ガン細胞の増殖《ぞうしょく》を抑えるために繰《く》り返《かえ》して放射線を当てていると、周辺の正常細胞《せいじょうさいぼう》も傷つけられます。深刻なのは、放射線によって造《ぞう》血《けつ》作業が妨《さまた》げられることで、やがて強度な貧血状態が現われ、これが命取りにもなりかねないので、この療法も途中でやめるほかはありません。つまり、放射線照射《ほうしゃせんしょうしゃ》に耐えうるだけの体力（造血力）が患者の側になければ、この療法も不可能となるわけです。

また、これに似た療法で、原子炉《げんしろ》から取り出した熱中性子《ねっちゅうせいし》でガン細胞を破壊する「原子炉療法」*9というものもありますが、これらによる五年生存率はあまり高いとはいえません。さらに、レーザー光線でガン細胞を照射する「レーザー治療」や陽子線《ようしせん》照射による「陽子線治療」も実施されていますが、末期ガンと診断された患者の五年生存率は、やはり低いのが現状です。

化学療法《かがくりょうほう》も「ガン細胞をねらって殺す」という意味では、放射線療法と同じです。これは、ガン細胞を放射線で破壊するかわりに、マイトマイシンＣやペプロマイシンなどの毒性のある化学物質（抗ガン剤）を飲ませたり、静脈注射[10]することによって、ガン細胞を殺すという方法です。ですから、患者の体がある程度の毒性に耐えるだけの力をもっていなければなりませんし、抗ガン剤の毒性で正常な細胞も害を受けるという副作用があります。具体的には、白血球《はっけっきゅう》が減って体の抵抗力が弱まるほか、痛みや出血、発熱などさまざまな副作用が生じて全身の状態が悪くなりますから、結局は薬を続けることができなくなります。この副作用を弱くするため、抗ガン剤などを直接腫瘍《しゅよう》内に投与《とうよ》する局所注入療法《きょくしょちゅうにゅうりょうほう》などもありますが、適用可能な腫瘍、臓器は限られています。

つまり、最新の技術を駆使したガンの治療法も、結局は患者自身の「生命力」を大前提《だいぜんてい》とし、その発現を助けるために〝無法者《むほうもの》〟細胞であるガンを切除《せつじょ》、または抑制《よくせい》するということにすぎません。

免疫[11]やインターフェロンにおよんでは、それ自体が、人間の生命力の産物《さんぶつ》ですから、病気の治療に際しては、患者自身の生命力がどんなに大切かがわかると思います。

不思議な生命力

　こう考えていくと、「生命力」が人間を生かし、人間を病気から立ち直らせる第一原因であるということがわかりますが、この力は手術台や薬や放射線照射装置《ほうしゃせんしょうしゃそうち》のようには肉眼に見えませんから、往々《おうおう》にして忘れられがちです。ところが事実、この目には見えず、耳にも聞えない不思議な力が、食物の消化に必要な液を消化器官《きかん》に分泌《ぶんぴ》させ、複雑な消化吸収作用をとおして、本来は異物《いぶつ》である食物を自分の栄養分としてつくりかえ、これを原料として、様々《さまざま》な機能と複雑な作用を秩序整然《ちつじょせいぜん》と分担する全身の細胞を、刻一刻《こくいっこく》製造することによって、私たちの体の消耗《しょうもう》を回復させているのです。

　私たちは、毎日体に何の異常もなく生活している時は、このような生命力のいとなみを「あたりまえ」として考え、意識することさえめったにしません。しかし、よく考えてみると、私たちの体がもつ生命力とは、不思議なことでいっぱいです。

　前にも少しふれた抗体《こうたい》やインターフェロンを、私たちの体がつくるということも、大変不思議なことなのです。

抗体

私たちの体は、自分の成分以外のものが体内へ侵入《しんにゅう》してくると、ある種の拒絶反応《きょぜつはんのう》を示します。その一つが「抗体」という形で現われてくるのですが、この抗体は、それぞれある特定のウイルスとか細菌とか高分子化合物《こうぶんしかごうぶつ》*12についてのみ有効です。たとえば、ハシカのウイルスが侵入したために生じた抗体は、小児《しょうに》マヒや狂犬病《きょうけんびょう》のウイルスについては全く無力です。しかし、ハシカのウイルスから繁殖力《はんしょくりょく》を抜き取ることによって作られたハシカのワクチン（本質的にはハシカのウイルスであることに変りはない）は、これを人間の体に一度接種《せっしゅ》しておけば、体がハシカのウイルスに対する抗体をつくるので、たとえ数年後に再びハシカのウイルスが体内に侵入してきても、体内の抗体がたちまちウイルスに襲《おそ》いかかってウイルスを無力化してしまうのです。つまりここで人体が作る「抗体」とは、ある特定の細菌やウイルスを他の細菌やウイルスから識別《しきべつ》し、さらにその識別能力を長期間にわたって保持《ほじ》するもの。言い方を変えれば、ハシカのウイルスと、小児マヒや狂犬病のウイルスの違いを見分けると同時に、その見分ける方法を長期間にわたって〝記憶している〟と考えることができます。私たちの頭脳には、とてもそのような能力がないにもかかわらず、「体」もしくは「生命力」は、誰にも教《おそ》わらずに、そのような複雑な能力を保持《ほじ》しているのです。

インターフェロン

インターフェロンについては、もっと不思議なことだらけです。インターフェロンは、もともとその発見者である長野泰一《ながのやすいち》博士[*13]が「ウイルス抑制因子《よくせいいんし》」と名づけたとおり、ウイルスの繁《はん》殖《しょく》を抑えるところに重要な特徴があります。ウイルスは、細菌が主として生体内《せいたいない》の細胞の外で繁殖するのと異なり、宿主細胞《しゅくしゅさいぼう》[*14]の内部へ侵入《しんにゅう》して寄生《きせい》します。しかし、だからといって、細菌のように周囲の栄養分を取り入れて活動するというのではなく、自分の構成要素である核酸《かくさん》や蛋白質《たんぱくしつ》と同じものを、自分以外の生体の細胞に作らせて殖《ふ》えます。言い方をかえれば、ウイルスは、他人の家に押し入った強盗《ごうとう》が、その家の人に自分勝手な命令をするように、細胞の内部へ押し入って、その細胞成分に指令し、自分を増殖《ぞうしょく》するのです。したがって、細菌を殺すように化学療法剤《かがくりょうほうざい》や抗生物質《こうせいぶっしつ》を使って外部からウイルスを殺そうとしても、薬剤は宿主細胞の中には入っていけないので、なかなか効果が上りません。もし入って行けたとしても、ウイルスは細胞を〝人質〟にとっていますから、ウイルスを殺すと同時に宿主細胞もこわすことになってしまいます。このため、薬剤によってウイルス病を治すことは絶望的でした。

そこで登場したのが、前述《ぜんじゅつ》の「抗体《こうたい》」でしたが、インターフェロンは、ウイルスの侵入によってこの抗体ができるより先に発動《はつどう》し、ウイルスを直接に殺すのではなく、宿主細胞に働きかけ、その内部の模様替《もようが》えをすることによって宿主細胞がウイルスに利用されるのを防ぎ、間接的にウイルスの繁殖を抑制する、という複雑な働きをします。しかも、抗体がそれぞれ特定のウイルスにのみ有効だったのに比べ、インターフェロンは宿主細胞の側を〝改造〟してしまう因子なので、どんな種類のウイルスにもきくということになります。

こんな複雑な作用をもったものが、現に私たちの体内に宿《やど》っているということは、不思議以外の何ものでもありません。私たちの一部でありながら、私たちの意識が全く関知《かんち》しないところで、私たちのために働き続けているのが「生命力」なのです。

自然療能博士《しぜんりょうのうはかせ》

このように、私たちの体には、いたる所に治す力が満ちています。皮膚《ひふ》に傷をしても、それはいつのまにか消えてしまいます。外から薬をつけても、外から外科医が傷口をぬっても、私たちの内部から肉を盛り上げ、皮膚をつくる力がはたらいていないと、せっかくの治療もムダになります。この、中からの力が自然療能です。

この生命力は、一種の「知恵」の働きといえます。なぜなら、この力は血液内を循環《じゅんかん》している栄養物の分子組織《ぶんしそしき》を目的どおりの組織に改組《かいそ》し、一定の位置に定着《ていちゃく》させ、生理作用を完全に営むような構造の細胞をつくり、それをきわめて複雑に組織して、皮膚《ひふ》や筋肉や内臓までも修理していくからです。このような活動には、どうしても知性の存在が必要です。知性は「心」の属性《ぞくせい》ですから、この〝自然療能博士《しぜんりょうのうはかせ》〟はきわめて聡明《そうめい》な知恵をもった指揮者《しきしゃ》ともいえます。しかし、この知恵は頭脳の意識から出たものではありません。私たちの頭脳の知恵は、食物をどういうふうに分解し、それを再組織し、どこにどう並べたら、体のどの部分の細胞になるかということを全く知りません。だから私たちは、頭脳の知恵で体をどのようにして健康にしようかと思いわずらう必要はないのです。〝自然療能博士〟におまかせすればいいのです。体の病的部分や欠損《けっそん》部分を修理し、整復《せいふく》し、再組織するのには、この〝自然療能博士〟に頼るほかないのです。「人間に神が宿《やど》っている」というと迷信のように聞こえますが、この頭脳知《ずのうち》よりも偉大な知恵者である〝自然療能博士〟が人間に宿っていることは、否定できません。これが「自己に宿る神」なのです。

なぜ病気が現われるのか？

これまでは、知性のある「生命力」または〝自然療能博士〟が私たちの体に宿っていることをお話ししましたが、それでは、その神秘な生命力が、なぜ「病気」の姿を現わすのでしょうか？

ここで説明のために、一つのたとえ話をしたいと思います。皆さんの身近にある眼鏡《めがね》、あるいは虫メガネのレンズを思い出して下さい。心と病気の関係は、このレンズ周辺にある空気と、レンズから見た風景の関係に似ています。「レンズ周辺の空気」とは、あなたの精神。「レンズから見た風景」があなたの健康状態です。周辺の空気に水蒸気がふえると、レンズはくもり、レンズから見た風景はボンヤリかすんでしまいます。それと同じように、あなたの精神状態がジメジメと湿《しめ》ったように乱れてくると、あなた

の健康も不完全な状態に現われてきます。これが「病気」です。この病気を治すためには、布や紙などでレンズの表面を拭《ふ》く方法があります。これが薬剤で病菌《びょうきん》を殺し、患部《かんぶ》を切除《せつじょ》する医学の分野です。確かにこれで効果はあります。しかし、レンズ周辺に水蒸気が多いままでは、やがてしばらくすると、その水蒸気は再びレンズの表面に凝結《ぎょうけつ》し、レンズはまたくもってしまいます。永久にくもりをなくすためには、水蒸気を少なくしなければなりません。これが精神面、心の側からの治療ということになります。このたとえ話では、水蒸気とは「心の迷い」です。この「心の迷い」を取り去れば、人間に宿《やど》っている神秘な〝自然療能博士《しぜんりょうのうはかせ》〟が力を発揮《はっき》して、私たちは本来のくもりのない姿、健康状態へと回復していくということになります。

現象世界《げんしょうせかい》

この「レンズのたとえ話」では、病気は「くもったレンズから見た風景」にたとえられていますが、病気ばかりでなく、「争い」や「犯罪」や「死」など普通〝悪〟といわれているものも、同じように「くもったレンズから見た風景」です。くもったレンズから風景を見ると、それはボンヤリと不完全に見えます。不完全ではあるけれども、「完全」なもののイメージが類推《るいすい》できる程度には見える。つまり、これが、私たちの住む「現象世界」です。「現象」とは「現わ

れている」という意味です。私たちの目、耳、鼻、口、皮膚《ひふ》という五つの感覚器官《かんかくきかん》（五官《ごかん》）で、とらえられるだけの世界です。とらえられない部分は、私たちからは「隠《かく》れている」のですが、「存在しない」わけではありません。

私たちは、自分を世界の中心に置いてものごとを考えがちですから、五官で知覚《ちかく》できないものについては往々《おうおう》にして「それは存在しない」という結論を出してしまいます。しかし、本当はそうではなく、私たちの感覚でとらえられないもの、言い方を変えれば、私たちの感覚を超《こ》えたものも存在するのです。したがって、私たちの五官で知覚する世界は「本当にある世界」そのものではなく、「現われている世界」だといえるでしょう。

ストレス

私たちの感覚器官《かんかくきかん》は、このように「本当にある世界」を不完全に知覚《ちかく》しますから、その知覚にもとづいて生じる〝現象的な心〟も、「本当にあるもの」を不完全に受け取り、解釈《かいしゃく》します。これが「心の迷い」です。具体的には、それは、怒《いか》り、憎《にく》み、恨《うら》み、争い、貪欲《どんよく》、嫉妬《しっと》、反感などという、さまざまな〝心の歪《ゆが》み〟になります。カナダのハンス・セリエ博士（Hans Selye, 1907 ~ 1982）の言葉を借りれば、これが「ストレス（stress）」というわけです。

ストレスという言葉は本来、機械工学《きかいこうがく》や材料力学《ざいりょうりきがく》などの物理学の分野で使われていた用語です。それは、物に対してある重みが加わった場合、その物の材質内部《ざいしつないぶ》で、加わった「歪み」に対する「反対歪み」の力が起こる状態です。外から見ると歪んだ形には見えないけれども、その材質内部には歪んだ力が働いている。これがストレスです。私たちの心も、家庭内のいろいろな悶着《もんちゃく》、社会的な対人関係、経済問題の失敗などで非常な打撃《だげき》を受けると、この「歪み」が起ります。これがストレスで、病気の原因となるものです。心の中の葛藤《かっとう》、挫折感《ざせつかん》、欲求不満などである種の潰瘍《かいよう》が発生してくることは医学者の間でも常識化していますし、現に精神身《せいしんしん》体医学《たいいがく》*15の領域《りょういき》では、心のもち方をコントロールすることによって、肉体的疾患《にくたいてきしっかん》を治しています。

私たちが健康になるためには、生命の完全な「いとなみ」を抑制《よくせい》し、妨害《ぼうがい》しているこのストレスや、すべての破壊的な想念《そうねん》、感情を捨《す》て去《さ》るようにしなければなりません。

医学と宗教

宗教が病気を治すということについては、賛否両論《さんぴりょうろん》があります。最近では医師の方からの批判ばかりでなく、宗教家自身からの批判も多いようです。しかし、これまで説明してきたように、病気を治すのは宗教でも、医者でも、薬剤でもありません。私たち内部の生命力のみが、病気を治す根本原因《こんぽんげんいん》です。生命力が完全に発現《はつげん》されていれば私たちは健康であり、生命力の発現が何らかの形で制約されているときに病気が起ります。ですから、病気が治るためには、その生命力の発現の制約となっているものを取り去ればいいのです。その制約が物質的なものであれば、医師がそれを取《と》り除《のぞ》きます。たとえば、何か毒性のある物質が体内に生じている場合、医師はそれを排泄《はいせつ》または中和《ちゅうわ》する薬剤を投《とう》じたり、それを洗浄《せんじょう》し清掃する工夫をします。体内に一時的に毒素が侵入《しんにゅう》した場合には、このような物質的中和方法や洗浄方法ですむでしょう。

しかし、激しい精神的ショックや、慢性的不安《まんせいてきふあん》、憎悪《ぞうお》、嫉妬、憤怒《ふんぬ》、愛情の不満などの精神状態によって自律神経《じりつしんけい》[*16]が異常反応を示し、そのため内分泌《ないぶんぴ》[*17]にも異状が起り、アドレナリン[*18]やコーチゾン[*19]などのホルモンを異常分泌《ぶんぴ》している場合には、一時的な中和《ちゅうわ》や洗浄《せんじょう》では体内毒素を完全に消すことはできません。

このような毒素を原因とする病気を完全に解消するには、体内毒素をつくる根本原因《こんぽんげんいん》である患者の精神状態を改造するほかはありません。この精神面からの治療は、精神分析や、暗示や、その他の精神療法でも可能ですが、当然、宗教によって大悟徹底《だいごてってい》の境地に入り、不安や焦燥《しょうそう》や不満足感を根本から取り去ることによっても得られます。独身女性や、子を産まない婦人、授《じゅ》乳歴《にゅうれき》のない人などに乳ガンや子宮ガンが多いことは、ガンの原因が愛情の不満足からくると考えられますから、宗教によってその不満が取り去られたならば、ガンでさえも治るということになります。

薬で治る？

「精神でガンが治ったように見える事実があるにしても、それが本当に精神だけで治ったという証拠《しょうこ》はない」という医師の方は大勢います。それでは逆に、「薬で病気が治る」という証拠はあるのでしょうか？

常識的に「私の病気はあの薬を飲んで治った」という場合を考えてみましょう。この場合、精神的要素を考えると、この人が「あの薬を飲めば治る」と予期したことが予備暗示《よびあんじ》*[20]となって治ったともいえます。もちろん、化学薬品には、ある化学的反応を起す力があります。しかし、人間の体は、その精神状態によって生体《せいたい》自身の血液やホルモンの中に異常な化学成分を生じることは、精神身体医学《せいしんしんたいいがく》でも証明されています。つまり、人間は、それぞれの個人が、別々の成分を含《ふく》んだ〝化学的合成体《かがくてきごうせいたい》〟として把《とら》えることができます。この「別々の化学的合成体」に対して同一薬剤を投入《とうにゅう》しても、必ずしも同一反応が起るとはいえません。

「薬が病気にきく」という場合、私たちは「人間の成分」をすべて同一と仮定し、「その同一成分に薬剤を投入したら病気が治ったケースが多かった」ということを確率的に知ることができるだけです。これでは「ある特定の薬剤が、ある特定の病気を治した」という証明にはなりません。しかも、病気がある段階にまで進行してしまうと、どんな薬も、どんな医療も効果がなく、患者は死んでしまうという例は数多くあります。「医薬《いやく》で病気が治る」といっても、それは「手遅れにならないほど病状の軽い患者」についてのみいえることで、この程度の患者ならば、自分の生命力だけでも治ったかもしれず、「病気が治ったのは薬の効果である」という確証《かくしょう》にはなりません。

　私たちの体には自然療能《しぜんりょうのう》という、自分で治す力があります。「薬がきく」というのは、その薬剤が自然療能を活発にするからにほかなりません。それでは、何も薬でなくても、自分の体に宿《やど》る自然療能《しぜんりょうのう》を活発にする方法がほかにあれば、病気は治るはずです。ですから、精神指導によって「病気を起す意志」が除去されたり、また宗教によって精神が全面的に転換《てんかん》したために病気が治ったとしても、不思議ではないはずです。

心配と取り越し苦労

イギリスの栄養学者サー・アーブスノット・レーン氏*21（Sir William Arbuthnot-Lane）は、ガンの原因として、バランスのとれない食事、食べすぎ、頻繁《ひんぱん》な食物の摂取《せっしゅ》、刺激物《しげきぶつ》の過度の飲用《いんよう》、多量の飲酒や喫煙《きつえん》、薬剤の盲目的《もうもくてき》摂取などを挙《あ》げていますが、最後にガン発生の最大原因として「心配」や、「取り越し苦労」を挙げています。

この心配や取り越し苦労という魔物《まもの》は、私たちがどこへ行っても、つきまとって離れません。妻や家族でさえ「ここに来るな」とか「しばらく遠慮《えんりょ》して下さい」とか言えば、もうそこにはやって来ませんが、この魔物は、私たちが寝床《ねどこ》に入っても、その中にまで忍び込んで来て、グズグズと訳《わけ》のわからないことを言って私たちを眠らせてくれません。そして、ついに私たちの胃袋に傷をつけます。胃潰瘍《いかいよう》を起し、十二指腸潰瘍《じゅうにしちょうかいよう》を起し、さらに胃ガンまでひき起します。また、その「心配」が男女関係によるものであれば、子宮ガンなどをつくります。

それでは、この「心配」とか「取り越し苦労」などの魔物を追い出すにはどうすればいいのでしょうか？　根本的《こんぽんてき》な解決方法としては「自分の本当のすがたを知る」ことしかありませんが、まず第一段階としては、「心の力」を活用することです。その方法を次章以下で説明しましょう。

＊1　死因順位　平成二十九年の死亡数を死因順位別にみると、第一位は悪性新生物《あくせいしんせいぶつ》（ガン）で三七万三一七八人、死亡率（人口一〇万対）二九九・四、第二位は心疾患《しんしっかん》二〇万四二〇三人、一六三・八、第三位は脳血管疾患《のうけっかんしっかん》一〇万九八四四人、八八・一となっている。主な死因の年次推移をみると、悪性新生物は昭和五十六年以降死因順位第一位となり、全死亡者に占める割合も平成二十八年は二八・五％、平成二十九年は二七・八％となっている。全死亡者のおよそ三・五人に一人は悪性新生物で死亡したことになる。（資料：平成二十九年人口動態統計月報年計〈概数〉の概況、政策統括官付参事官付　人口動態・保健社会統計室　月報調整係）

＊2　宿主　寄生《きせい》生物に寄生される側の生物。ここでは、ガン細胞に冒《おか》された人間のこと。

＊3　放射線療法　放射線治療で利用される放射線は主にX線と電子線。X線とはレントゲン写真に利用される放射線と同じ種類のもので、電子線とは電池や蛍光灯の中を通過する電子と同じもの。これらは、1.5Vの乾電池を数百万個直列につなぎ合わせた高い電圧をかけた機

械から発生されるため、高いエネルギーを持っているので、ガンの治療に利用することができる。以前は、コバルト（Co）やセシウム（Cs）から発生するガンマ線を利用していたが、現在では、科学技術の進歩により治療に適した電子線やX線を機械で作り出している。その他に陽子線《ようしせん》や重粒子線《じゅうりゅうしせん》、イリジウムや金などの放射性同位元素《ほうしゃせいどういげんそ》を利用したガンマ線なども放射線治療で使われている。（資料：京都大学医学部放射線科）

＊4　免疫療法　人間の体がもつ免疫《めんえき》（註11を参照）本来の力を回復させることによってガンを治療する方法。日本国内で承認された療法としては、免疫細胞を活性化させる物質を投与《とうよ》することによって、免疫細胞にガン細胞を攻撃させる「サイトカイン療法」や、ガン細胞が免疫にブレーキをかける仕組みを防いで免疫力を活性化させる「免疫チェックポイント阻害《そがい》剤《ざい》」などがある。

＊5　インターフェロン　ウイルスやガン細胞の増殖《ぞうしょく》を抑えるために細胞がつくり出す蛋白質《たんぱくしつ》である「サイトカイン」の一種。医薬品としては、ウイルス性肝炎《かんえん》などの抗《こう》ウイルス薬や、多発性骨髄腫《たはつせいこつずいしゅ》などの抗ガン剤として用いられる。

＊6　遺伝子療法　遺伝子の欠損《けっそん》や、正常な機能を失ったことによる病気の治療のため、体外から正常な遺伝子を補う治療法。遺伝病、ガン、エイズなどの治療法として注目されている。

＊7　高圧X線　ガンの放射線療法に用いられる、レントゲン写真の撮影に使われるものよりもエネルギー値が百倍以上高いX線。

＊8　ガンマ線　X線と同様、ガンの放射線療法に用いられる放射線。X線よりも物質の透過《とうか》率《りつ》が高い。

＊9　原子炉療法　中性子捕捉治療《ちゅうせいしほそくちりょう》ともいう。ガン組織に集まりやすいホウ素化合物《そかごうぶつ》をあらかじめ患者に投与し、原子炉や加速器を用いて熱中性子《ねっちゅうせいし》（低エネルギーの中性子）を照射《しょうしゃ》する。ガン細胞に取り込まれたホウ素元素に熱中性子が当たると、核反応により強力な放射線が発生し、ホウ素化合物を取り込んだガン細胞のみが殺されることになる。

＊10　静脈注射　薬液を直接静脈内に注入する注射法。薬液が皮下注射《ひかちゅうしゃ》や筋肉注射に不適当な場合や、量が多い場合に行われ、速《すみ》やかな効果が期待できる。点滴《てんてき》の形でも行われる。

＊11　免疫　病原体や毒素、外からの異物《いぶつ》、自己の体内に生じた不要な成分を、自己でないものとして見分け、排除しようとする、体がもつ防御《ぼうぎょ》の仕組み。

＊12　高分子化合物　分子量の非常に大きい化合物の総称。人体においては糖質《とうしつ》（炭水化物《たんすいかぶつ》から食物繊維《しょくもつせんい》を除いたもの）、蛋白質（酵素《こうそ》など）、核酸《かくさん》（DNA、RNA）などがこれにあたる。

＊13　長野泰一博士　ウイルス学者（一九〇六～一九九八）。一九四七年東大教授となり、一九六七年北里研究所部長などを歴任。

＊14　宿主細胞　ウイルスなどの微生物《びせいぶつ》に寄生《きせい》された人体の細胞。

＊15　精神身体医学　精神と身体は密接に関係し合っているという立場から、患者の身体面のみでなく、社会的・心理的な面にも配慮《はいりょ》して病気の研究・診療を行う医学。心身医学。

＊16　自律神経　内臓・血管・汗腺《かんせん》・内分泌腺《ないぶんぴせん》などを自動的に調節している神経系（本文三八頁を参照）。互いに対抗的な働きをする、交感神経《こうかんしんけい》と副交感神経《ふくこうかんしんけい》からなる。

＊17　内分泌　体内にある各種の器官《きかん》が、その分泌物《ぶんぴぶつ》（ホルモン）を血液中やリンパ液中に放出すること。消化液や唾液《だえき》、汗などが、導管《どうかん》を通って体の表面や消化管内《しょうかかんない》に放出される働きは外分泌《がいぶんぴ》と呼ばれる。

＊18　アドレナリン　左右の腎臓《じんぞう》の上部にある副腎《ふくじん》という器官の中心部の、副腎髄質《ふくじんずいしつ》でつくられるホルモン。ストレスが高まると自律神経の作用で血液中に放出され、心拍数や血圧を上げ、瞳孔《どうこう》を開き、ブドウ糖の血中濃度（血糖値）を上げるなど、ストレスに対して身体の活動を高める作用をする。

＊19　コーチゾン　副腎の表側にある、副腎皮質《ふくじんひしつ》という部位《ぶい》でつくられるホルモン。体内の糖をつくり、血糖量を増加させるほか、抗炎症《こうえんしょう》・抗アレルギー作用をもち、抗炎症薬にも使われている。

＊20　予備暗示　催眠《さいみん》などで、心の状態が身体に及ぼす効果が現われやすいように、あらかじめ当人に与え続けておく暗示の言葉。

＊21　サー・アーブスノット・レーン氏　イギリスの栄養学者・外科医（一八五六～一九四三）。食事によるガンの予防を一九二〇年代から提唱《ていしょう》し、一九二五年に、食事と健康に関する自らの考えを普及させるため「ニュー・ヘルス・ソサエティ」を設立した。

第二章　心の力

牝鹿《めじか》の脚《あし》

かってアメリカのイリノイ大学文学部の教授だったグレン・クラーク（Glenn Clark）氏は、教授時代のある暑中休暇《しょちゅうきゅうか》を利用して、高原地帯へ乗馬《じょうば》の練習に出かけたそうです。その時、その付近の乗馬の専門家たちと一緒に「きょうはあの険《けわ》しい山へ登ろう」ということになりました。すると、その馬乗りの専門家は「あんたの馬は、平地《へいち》ばかり歩くことになれているから、あの山をまっすぐ登ることはムリだ」というのです。つまり、専門家のいうことは、馬というものは、本来、前脚《まえあし》が歩いたそのあとを、後脚《あとあし》が正確に踏《ふ》んで歩くというのです。だから急斜《きゅうしゃ》面《めん》でも、前脚が滑《すべ》りにくい岩のへこみをうまく踏めば、後脚がそこを正確に踏んで崖《がけ》を登れる。しかし、都会の平地ばかりを歩いている馬は、後脚が前脚の踏んだあとをピタリと踏まなくても崖から転落する危険がないので、前脚から多少ズレた所を後脚が踏むという悪い癖《くせ》がついている、というのです。

馬と同じように、野生の牝鹿《めじか》も、いつも山野《さんや》を駆けまわっていますから、どんな急坂《きゅうはん》でも後脚《あとあし》が前脚《まえあし》の踏《ふ》んだあとをピタリと踏んでいくそうです。私たちの心も、この〝牝鹿の脚《あし》〟のようにすべきなのです。

まわりくどい言い方になってしまいましたが、この〝牝鹿の脚〟のたとえ話は、私たちの心の構造を説明するのに便利なのでここに登場してもらいました。

ここで「前脚」というのは、私たちが日ごろ「こうしたい」と願う自覚した意識です。「現《げん》在意識《ざいいしき》」ともいいます。「後脚」とは、私たちの表面の意識では気がつかない願いで、「潜在意《せんざいい》識《しき》」ともいいます。私たちには、「こうしたい」と強く願うことが実現しないことが多々《たた》ありますが、このような場合は、現在意識の希望と潜在意識の思いとが一致していないからです。

例えば、子供を産んだ女性が、赤ん坊を育てるために「母乳を豊かに出したい」と〝前脚〟である現在意識は思いますが、往々《おうおう》にして母乳は出ない。それはなぜかというと、〝後脚〟である潜在意識が「母乳を与えたら私の栄養がそれだけ減って衰弱《すいじゃく》するし、美貌《びぼう》が失われるおそれがある」と思っているからです。潜在意識は生理作用を司《つかさど》っていますから、これではいくら「母乳を出したい」と現在意識が思っても、乳汁《にゅうじゅう》の分泌《ぶんぴ》は止ってしまいます。

心の構造

さて、「現在意識」とか「潜在意識」とか、ちょっと難しい言葉が出てきましたが、ここで心の構造についてもう少し詳《くわ》しく説明しましょう。

私たちが今、はっきりとした〝覚《さ》めた意識〟でものを考えたり、感じたり、「こうしたい」「ああしたい」とか、「美しい」「きたない」と思っている心が「現在意識」です。ところが、私たちの心には「意識しない心」があって、日常生活の大きな部分を支配しています。これが「潜在意識」で、かくれていてはっきり分らない、潜《ひそ》んで在《あ》るところの意識です。心理学では「深層心理《しんそうしんり》」とか「無意識《むいしき》」ともいいます。現在意識と潜在意識との境《さか》い目《め》は「識閾《しきいき》」という意識の閾《しきい》です。このしきいを境《さかい》とした下の方を潜在意識と総称《そうしょう》します。

精神分析の祖《そ》といわれるフロイト（Sigmund Freud, 1856 ~ 1939）は、潜在意識を「無意識」と「前意識《ぜんいしき》」とに分けています。前意識は過去の経験が蓄積《ちくせき》されたものですが、無意識は、もっと深い所にあるものです。たとえば、産まれたばかりの赤ん坊は、過去に何も経験がないにもかかわらず、誰にも教《おそ》わらずに力いっぱい母親の乳房《ちぶさ》を吸います。これなどは「無意識」の存在を示す最適の例でしょう。しかし、無意識と前意識とは、互いに入りまじって活動

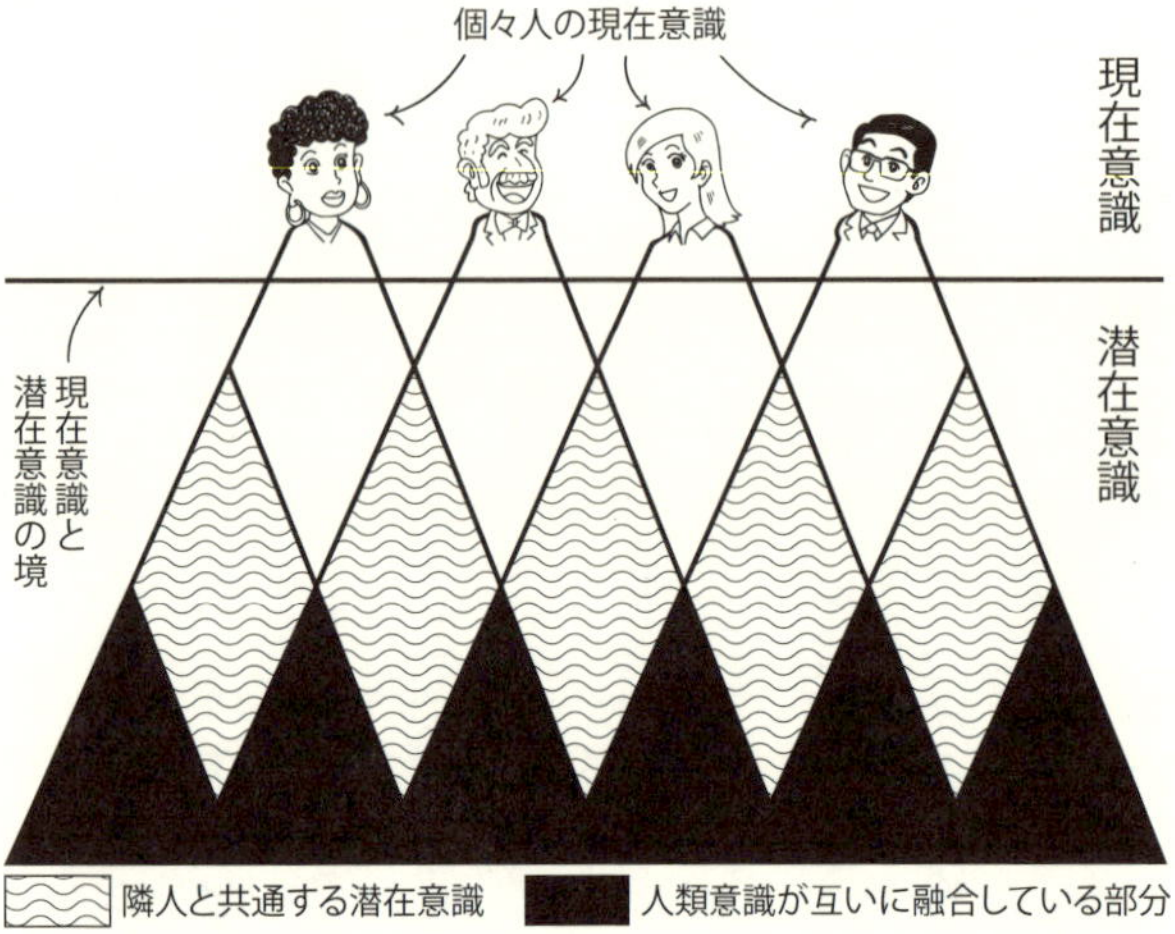

しており、なかなかその区別ができないことが多いので、ここでは両方をひっくるめて「潜在《せんざい》意識《いしき》」と呼ぶことにしましょう。

図解で示しますと、心は水に浮かんだ〝氷山〟のような形で表わせます。水面が識閾《しきいき》で、その上の現在意識《げんざいいしき》は〝氷山の一角《いっかく》〟で、全体の心の数パーセントの大きさにしかなりません。その下に末広がりに潜在意識がもぐっていて、潜在意識の底の方は、人類が互いに共通につながっています。

前述《ぜんじゅつ》したフロイトは、『夢判断《ゆめはんだん》』*1の中で無数の夢を分析し、一見、意味不明で無秩序《むちつじょ》な夢の中にも、象徴的《しょうちょうてき》に隠《かく》された願望が存在することを証明してみせました。このこと自体が、人間と人間が意識の奥底《おくそこ》で連絡し合っていることを示しています。なぜなら、フロイトの夢判断は、多数の別々の人間が、隠れた本能や願望を夢の中で表現するために、同一の象徴を使うという事実を引き出したからです。つまり、「ある願望を表現するためには、ある決まった象徴を使う」という合意が、相談したわけでもないのに、別々の人間のあいだに成立《せいりつ》している、ということです。簡単に言えば、全くの他人が「同じパターンの夢を見る」ことがあり、多くの人たちの間に共通な「典型的《てんけいてき》な夢」があるということです。たとえば、欧米《おうべい》社会では、ある男を恋している女は、馬に追いかけられて息せききって逃げる光景や、階段を駆け上る光景をよく夢にみるのです。このような事実は、人間がその潜在意識の奥底で互いに一つにつながっているということを有力に物語っています。

潜在意識の中には、いろいろのものが詰《つ》まっています。または、いろいろの層でできている、と言った方がわかりやすいでしょう。まず、前にも述べたように、記憶を保存する層（前意《ぜんい》識《しき》）があります。ここには、私たちが生れてからいろいろ経験したことを記憶しています。今かりに「生まれてから」と言いましたが、本当は生れる前の記憶も保存されています。それは催眠術《さいみんじゅつ》によって、人の記憶を前世《ぜんせ》にまでさかのぼらせる実験ができることからもわかります。

個人の記憶の下に、地方意識《ちほういしき》があります。グループ・コンシャスネス（Group Consciousness）ともいい、地域的グループが共通にもつ信念です。たとえば「鬼門《きもん》の方角《ほうがく》に便所がある家に住めば、不幸が起る*2」というもので、それが迷信であっても、そこの地方の人の多くが深くそれを信じている場合、個人にも強い影響を与えます。地方意識《ちほういしき》のもっと底には、人類が共通にもつ人類意識《じんるいいしき》があり、さらにそのずーっと底へ行くと生物全部が共通につながっています。それが「宇宙普遍《うちゅうふへん》の心」です。「宇宙意識《うちゅういしき》」と称《よ》ぶ人もあります。つまり、私たちの心は潜在意識《せんざいいしき》の底の底まで行けば、宇宙普遍の心と皆一つにつながっているのです。また、宇宙意識のずっと底の所には「超越意識《ちょうえついしき》」＊3とか「超在意識《ちょうざいいしき》」＊4といわれるものもあります。

心は動力である

さて、心の構造が何層にも分れていることを説明しましたが、このいくつもの層は、私たちの日常生活をそれぞれの方向に動かしています。そういう意味で、心は動力です。現在意識《げんざいいしき》の次元で考えてみれば、たとえばあなたが病院へ行くのも、あなたの心が体を動かすからです。このように、心は単にムチャクチャな方向を定めない動力ではなく、一定の志《し》向性《こうせい》をもった動力です。人に対して「アイツ、ぶん殴《なぐ》ってやる」と思えば、思った通り、あなたの手はきっと拳《こぶし》を握《にぎ》っています。拳を固めないでガマンしていたとしても、あなたの心の中には拳でも何でも「固める力」が出来ています。この力が何らかの形で外部へ出ず、胸の中にくり返して蓄積《ちくせき》されると、やがて胸のあたり、胃袋のあたりに胃ガンのような固まったものができる、ということになります。つまり心は、あなたの心を病院へ運んで行くように、自分の志《こころざし》の向かうところへ、ものを動かしていって置き並べる力があるのです。

暗示の力

精神身体医学《せいしんしんたいいがく》の催眠治療《さいみんちりょう》の実験で有名なものに、ウルシによる皮膚《ひふ》の「かぶれ現象《げんしょう》」を、他の無害な葉で出現させるというのがあります。この実験などは、「心が体に直接的な影響を与える」ということを最も明白《めいはく》な形で教えてくれます。

この実験では、まずウルシの葉にかぶれやすい皮膚の人を催眠状態にしておき、この人の腕に無害なクリの葉をこすりつけながら「今、あなたの腕をウルシの葉でこすっています」と暗示します。すると、この人の肌には、実際にはクリの葉でこすっているのに、ウルシの葉でこすったのと同じかぶれが生じてきます。これとは逆に、実際にはウルシの葉でこすりながら「こんどは、ヒノキの葉でこすっています」などと暗示しますと、かぶれは少しも現われません。

つまり、この実験によれば、ウルシにかぶれやすい体質の人は、皮膚にウルシを近づけると自動的にかぶれが生じるのではなく、心が「これはウルシだ」と認めた場合にのみ、かぶれができるということです。ということは、皮膚《ひふ》にかぶれが生じるためには、心が決定的に重要な役割をもっているということになります。

パブロフの「条件反射《じょうけんはんしゃ》」

心は、皮膚だけではなく、体内の諸器官《しょきかん》の活動にも大きな影響を与えます。ふつう胃腸や内《ない》分泌腺《ぶんぴせん》*5などの内臓は、本人の意志とは全く無関係に活動を続けているとされています。そこで、このような内臓の機能を調節している神経にも、「自分で自分の行為を規制《きせい》する」という意味で、「自律神経《じりつしんけい》」という名前がついているわけです。ところが、第四回のノーベル生理学賞をもらったソ連の大脳生理学者《だいのうせいりがくしゃ》パブロフ博士（Ivan Petrovich Pavlov, 1849 ~ 1936）は、「条件反射」という概念《がいねん》を使いながら、犬の感情を刺激《しげき》すれば胃液の量に変化が生じることを証明しました。つまり、「意のままにならぬ」とされている内臓の機能も、心によって影響を受けることを示したのです。

彼は、犬の胃を手術して小胃《しょうい》をつくり、その小胃の中に出る分泌液《ぶんぴえき》を外側から観察できるようにしました。胃に出る分泌液が胃液で、食べた物を胃の中で溶かす働きをしています。パブロフは、犬がきげんのいい時に食事を与えると、胃液が適量に出て食事を早く消化することを観察したのち、犬を怒らせながら食事を与えてみました。すると胃液の分泌は充分でなく、食物は早く消化吸収されませんでした。また、同じ設定で犬を非常に恐怖させた場合にも、やはり胃液が充分に出ないことを観察しました。この実験結果で、心の働きが胃液の分泌にも重大な影響を与えることがわかったわけです。

心とホルモンの関係

このことは、必ずしも「心」が無形《むけい》の〝電波〟のようなものを発射して、直接的に胃の粘膜《ねんまく》を刺激する――という意味ではありません。私たちの体の中では、血液と一緒に体内を循環《じゅんかん》して特定の臓器に刺激を与えるホルモンという物質が作られます。心は、この物質を媒介《ばいかい》にして、全身に指令を伝えるわけです。たとえば、腎臓の上端《じょうたん》に接する副腎《ふくじん》という臓器からは、アドレナリンというホルモンが分泌されます。このホルモンは筋肉を収縮《しゅうしゅく》・弛緩《しかん》させ、その結果、血圧を上昇させたり、心臓をドキドキさせたり、皮膚の毛穴を収縮させて〝鳥肌《とりはだ》〟をつくったり、瞳孔《どうこう》を拡大させたりする働きをもっています。いわゆる「外敵《がいてき》」に対して自分を守る働きを促進《そくしん》させるホルモンですが、この分泌が多すぎると胃腸の働きが弱くなり、病気を生じる原因ともなります。私たちが怒ったり、腹を立てたりすると、このアドレナリンが多く分泌《ぶんぴ》されるので、筋肉は引きしまり、体が固くなって身構《みがま》え、髪の毛は逆立《さかだ》ってきます。また「恐怖」も「怒る」のと同じように「敵を強く意識する」ことですから、やはりアドレナリンが分泌されて同様な反応が起ります。このような反応は外敵《がいてき》に対して自己防衛《じこぼうえい》するためのもので、外敵と戦う時は、筋肉や皮膚《ひふ》など外界《がいかい》と接する部分がより重要になりますから、そのぶん、内臓の働きは抑制《よくせい》されるということになります。そこで、いつも腹を立てたり、何かを恐れたりしている人は、消化不良を起したり、内臓の病気にかかりやすいということになります。

自律訓練療法《じりつくんれんりょうほう》

「心で体内の機能を調節《ちょうせつ》する」という方法は、精神身体医学《せいしんしんたいいがく》の分野では実際の治療に使われています。「自律訓練療法」といわれているのがそれで、この療法によれば、たとえば胃酸過多《いさんかた》の人は、心を静かに落ちつかせてから、言葉によって胃酸過多とは反対のイメージを心に強く描《えが》きますと、言葉がやがて胃の粘膜《ねんまく》に作用して、イメージどおり胃液の酸度《さんど》を低下させることができるのです。

しかし、この療法が成功するには、まず自律訓練が必要です。百五十億もの脳細胞を、言葉やイメージによって自由に結合させ、その細胞群《さいぼうぐん》の神経エネルギーを身体諸器官《しんたいしょきかん》に伝達させるのですから、言葉やイメージの構築《こうちく》に関係しない細胞群にはじっとしていてもらわねばなりません。そこで、この訓練では体を安静状態《あんせいじょうたい》にしたのち、言葉によって（1）筋肉の緊張《きんちょう》解放（2）血管の緊張解放（3）心臓の調整（4）呼吸の調整（5）腹部器官の調整（6）頭部の調整――を行うというステップを踏《ふ》みます。この方法は、『病気はこうして治る――実践篇――』の第一章で説明する「神想観《しんそうかん》」という座禅的行事《ざぜんてきぎょうじ》のやり方ともよく似ています。

肉体は心の影《かげ》

さて、これまでの説明で心と体の間には深い関係があること、また、心を具体的に表現した「言葉」の力を使えば、内臓器官の調整も可能であることがおわかり頂けたと思います。そこで、さらに論を進めれば、心で考えること、または思うことは、脳細胞を媒介《ばいかい》として〝見えない形〟が〝見える形〟に表現される第一段階を踏《ふ》んだ、ということができます。ですから、私たちが心で思うことは、肉体上の具体的な形として表現されるもとになるのです。そういうわけで、私たちが日常どんな心を持ち、心の中に何を描きつづけているのかということが、健康にとって重大な意味をもってくるわけです。

心の問題は、医学ばかりでなく、文学、哲学、宗教の領域《りょういき》にまで入ってくる重要な問題です。ですから、これまでの説明で到達《とうたつ》した「心で思うことは、形に現われるもとである」という結論と全く同じことが、宗教の世界でもいわれていたとしても不思議はありません。

仏教では「三界唯心《さんがいゆいしん》」*6という言葉を使って、私たちの体に〝心の形〟が現われているということを表現しています。「肉体は心の影《かげ》」ということです。「影」とは「象徴《しょうちょう》」という意味です。象徴とは、形のないものを形によって表現したものです。たとえば「親指はお父さんを象徴する」という時、あなたのお父さんには姿や形がありますが、「お父さん一般」とか「父なるもの」(Fatherhood)という概念《がいねん》には形がありません。象徴とは、この形のないものを形や色などで代表したもので、キリスト教の「十字架《じゅうじか》」、仏教の「卍字《まんじ》」、神道の「円」、平和の「鳩」、心の「♡」、純潔《じゅんけつ》の「白」、情熱の「赤」など、例はたくさんあります。

私たちの体にも、〝心の形〟ともいえる感情が象徴的にあらわれます。「体」が「心」を表わすという考え方は、私たちが日常使っている日本語の中にもしばしば出てきます。心の状態を表現するのに体の部位《ぶい》の名称を使うのが、それです。たとえば「目」は心の理性的な部分を指《さ》しているようです。「目がない」といえば「何かに心を奪《うば》われて理性的な判断ができない状態」ですし、「目にあまる」といえば、「悪逆非道《あくぎゃくひどう》ぶりに、良心や理性が黙《だま》って見ていられない」という意味です。また「何か非常に美しいもの、良いものを見て驚き、夢中になる」ことは「目を奪われる」といいます。

これとは逆に「腹」は、「心の底の考え」を指す時に用いられ、それも「あまり好ましくない考え」を指すことが多いようです。「腹に一物《いちもつ》ある」と言えば「心に何かたくらみがある」ことですし、「腹を見られる」といえば「心底《しんてい》のたくらみを見破《みやぶ》られる」という意味です。「腹を割って話そう」という時には、「いい事も悪いことも隠《かく》さずに自分の真意《しんい》を告げよう」という思いが入っています。また「胸」という言葉も心の状態を表現する時に使われますが、こちらの方は「恋愛感情」や「思いやり」など心の情緒的部分《じょうちょてきぶぶん》を指し、しかも良いニュアンスに用いられることが多いようです。例を挙《あ》げれば、「胸こがれる」とか「胸に秘める」とか「胸にたたむ」とか「胸が裂《さ》ける」などです。

このように、体の一部を「心」の代名詞《だいめいし》にすることは日本文化の一部になっています。また、体に〝心の形〟が現われるということは、誰でも知っていることで、別に不思議なことでもありません。私たちは腹が立てば怒《おこ》った顔をするし、悲しい時には悲しい顔をします。心が沈《しず》んでいれば、自然と背骨が曲がり、頭は下がります。このように、私たちの体は、心の状態を「形」に表現するのですが、このことは単に顔や、手足や、背骨だけではありません。全身の生理作用が〝心の形〟をあらわすのです。ただ、生理作用は、顔のように外部からハッキリとは見えませんから、一般の人は気がつきにくいというだけです。生理作用の中には、もちろん内臓の変化も含《ふく》まれます。ですから、感情があまり興奮したり、イライラしたり、人を憎《にく》んだりすると、内臓が普通の健康状態ではなくなり、そのような状態が長くつづくと、やがて「病気」という形になって出てくるということになります。

さて、これまでは主として現在意識《げんざいいしき》のレベルで、「心」の問題を考えてきましたが、病気を生じるような心のストレスは、むしろ潜在意識《せんざいいしき》の部分に多く隠《かく》されているのです。もし、あなたが病気か、病気がちで、しかも、「思い当たる」ような家族や他人との葛藤《かっとう》や、憎悪《ぞうお》、恨《うら》み、嫉妬心《しっとしん》などが心の中に見出《みいだ》せないような場合、それは潜在意識の方に原因があることが多いのです。潜在意識の内容は、私たちの覚《さ》めた意識から隠れているのですが、前述《ぜんじゅつ》した「自律訓練《じりつくんれん》療法《りょうほう》」とか「精神分析《せいしんぶんせき》」の手法によって、現在意識のレベルにまで引き上げることができます。しかし、これらの方法は、訓練を受けた専門家の助けが必要ですし、方法の説明だけでも、本が何冊も書けるほどの内容があります。そこで、この本では、このような複雑な方法によらず、私たち人間の「本当のすがた」が「神の子」であることを知り、そのことを直接体験することによって、他人を憎んだり、嫉妬したりする必要が自然になくなり、したがって、ストレスの結果である病気も自然に消えていくという方法をお教えしましょう。

しかし、その前に、この章ではせっかく「心の大切さ」を知っていただいたので、病気の予防という意味でも「どのような心の持ち方をすればよいか」について、もう少しお話ししたいと思います。

「病気の思い」を消そう

「心で思うことは、体に表現されるもとである」という結論からすれば、いつも病気のことを心配していたり、「ここが痛いから、どこかおかしいんじゃないか」とか「こんな徴候《ちょうこう》は○○病じゃないか」などという「病気の思い」を常にもっていることは、かえって逆効果になります。別にきわだった自覚症状がないにもかかわらず、いつも病気のことが心配で、医学書や病気の解説書を読みあさり、医者も驚くほどの専門的知識をもっている人がいますが、こういう人に限って、なぜかいつも病気がちです。それは、病気について知れば知るほど、自分の体で漠然《ばくぜん》と「おかしい」と思っていた箇所《かしょ》についての疑問が、「どの部分がどういう形でおかしいのではないか」というように、より具体的な形になって描《えが》かれるからです。これでは、心は「病気の形を具体的に描く」という結果になり、これまで抽象的《ちゅうしょうてき》で微力《びりょく》だった心の影響力が、「病気」の方向へより強力に作用することになってしまいます。

生長の家をはじめた谷口雅春師も、若いころは家族の健康について神経質になりすぎたことがあり、これと同じような心境《しんきょう》を経験されました。大正十年の初めで、新婚三か月の輝子夫人が医者から「心臓病」の診断を下された時のことです。少し長い文章ですが、「病気の思い」の心理状態がとてもわかりやすく書いてあるので、次に引用します。


それ以来、症状はいつも同じで毎日一回妻は狭心症《きょうしんしょう》の発作《ほっさ》を起こした。心臓病という病気は早く治る病気であるのか、なかなか治らない病気であるのか最初は知らなかった。ある日わたしは京都地方裁判所から大本教《おおもときょう》*7の不敬事件《ふけいじけん》*8の参考人として召喚《しょうかん》された。…（中略）…裁判所の用事が済《す》むと、わたしは直《す》ぐさま本屋へ飛びこんで、心臓病に関する本を漁《あさ》った。早分《はやわ》かりのしそうな心臓病の本一冊を買ったが、その時ふと眼《め》についたのは当時岩波書店から出ていた倉田百三《くらたひゃくぞう》氏*9の『出家《しゅっけ》とその弟子』であった。それもついでに買って本屋を飛び出すと、わたしは心臓病の本をまず道すがら、歩きながらも眼を離さないで読んだ。汽車の中でそれを読んだ。そして読んで得たところは、治療法ではなくして心臓病にはいろいろの種類があり、どれもこれも怖《おそ》ろしい不治《ふち》のものであるということのみであった。翌日、医師が来たときには、わたしはもう大分《だいぶ》心臓病の玄人《くろうと》になっていて質問することが具体的であった。

「この心臓病はなんという心臓病なんですか。」

「心臓弁膜病《べんまくびょう》ですなア。」

「僧帽弁《そうぼうべん》*10の閉鎖不全《へいさふぜん》ですか。」

「そうです。」

「弁膜の故障はエンジンのヴァルヴが悪いのと同じですから機械的であって、なんとも治りようがないでしょうねえ。」

「まア、故障のある機械みたいなものですから、あまり無理をせずにできるだけ、静かに使うことですなア。」

わたしは心臓病の医学書を読んだお蔭《かげ》で、妻の病気を機構的《きこうてき》に物質的な故障で、自療《じりょう》力《りょく》では治らない固定したものだと思ったから、その得《う》るところは不治症《ふちしょう》だという恐怖観念《きょうふかんねん》だけであった。

それは天地に慟哭《どうこく》したいような悲しみであった。結婚後間もなく、わたしの妻は一生治らないような病気に罹《かか》ったのである。病床の妻の窶《やつ》れた顔を見つめているとひとりでに涙が目頭《めがしら》から滲《にじ》み出て来るのであった。わたしの涙を見ると妻も必ず涙を流した。その涙を見ているとわたしの悲しみはいっそう倍加《ばいか》してくるのであった。

（谷口雅春著『生命の實相』頭注版第十九巻自傳篇上、一七三～一七五頁、日本教文社刊）

本人がこんな心理状態であったら、病気は治るどころか進行してしまいます。谷口師自身も、このころは体が弱く、生命保険にも入れてもらえなかったそうです。

健康のすがたを描《えが》こう

心の中から「病気の思い」を追い出すには、〝コトバの力〟を使います。「コトバ」とカタカナで書いたのは、私たちがふつうに会話する時の言葉、つまり「音声になった言語」だけではなく、「文字で表わした言語」も「心の中で思うこと」もすべて含《ふく》んだ広い意味で、ここでは使っているからです。このような広義《こうぎ》のものを考えれば、「心で思うことが、やがて現われる」という原理は「コトバで思うことが、やがて実現する」と言《い》い換《か》えることができます。なぜなら、私たちが考え、思い、話し、文字に書くためには、すべてコトバを使わなければならないからです。心の動きが意識される時、それは必ずコトバの形をとるからです。

〝コトバの力〟の使い方は、簡単なようでいて、案外《あんがい》むずかしいものです。心から「病気の思い」を追い出そうとして、たとえば「私は心臓病ではない、心臓病ではない、心臓病ではない」と唱《とな》えたとします。しかし、これでは、この人の心の中から「心臓病の思い」は出て行きません。なぜなら、この人は一応「ではない」という言葉を使っていますが、「心臓病」という言葉をくり返して使うことによって、逆に心の中に「心臓病」という観念《かんねん》を印象づけているからです。ですから、このような場合には「ではない」という消極的な言い方をせず、「私の心臓はいつも完全に鼓動《こどう》している。力強く血液を体じゅうに送っている。完全に機能している」というように、積極的な言い方をすべきなのです。同じようにして、胃病の人は「私の胃は完全に機能していて、食物をよく消化する」というように唱え、関節炎の人は「私の手足はよく動き、自由自在な働きをしてくれる」などと病気ではない姿を心に深く印象づけるようにするのです。「心に描く」ということは、単に一、二分唱えればすむというようなものではありません。胃病の人は「胃病」を思い出しそうになったら、そのつど、反対の力として「完全な胃」をコトバで唱えます。唱えるだけでなく、実際に胃が力強く機能している様子を、心の中にありありと描き、そして感じるようにすることが大切です。そのためには、精神の集中が必要ですが、詳《くわ》しい方法は『病気はこうして治る――実践篇――』の第一章の「神想観《しんそうかん》のやり方」のところで説明することにしましょう。

明るいコトバで楽しさを語ろう

「病気の思い」を追い出しただけでは、〝心の予防体制《よぼうたいせい》〟は必ずしも万全とはいえません。これまで説明したように、病気は心のストレスが大きな原因の一つですから、そのストレスの方を軽減《けいげん》させることが必要になってきます。そのためにはいくつかの方法がありますが、いちばん〝手軽《てがる》〟で、どこでも実行できるのが「明るいコトバを使う」ことです。「楽しさ」を語ることです。家族や他人との心の葛藤《かっとう》を思い起して暗い気持になるのではなく、その人と葛藤のない部分、その人が自分にとってよくしてくれた時のこと、その人の美点《びてん》、その人の笑顔など「よい方面」「明るい面」を思い起し、それを言葉でくり返して表現することによって、心に強く印象づけるようにしましょう。それと同時に、表情を明るくしましょう。眉《まゆ》をひそめるのをやめ、顔をしかめるのをやめ、笑顔をつくりましょう。他人がそばにいなかったら、大声で笑ってみてはいかがでしょうか。人間とは不思議なもので、「楽しければ笑う」のが常識ですが、「笑えば楽しくなる」というのも本当です。あまり長い間、人の悪い所や人生の暗い部分ばかりを見つめてきた人は、心が窮屈《きゅうくつ》になり、暗くなり、何か圧迫《あっぱく》されたような重苦しい気分でいることに慣れてしまっていますから、このような人は「笑いの練習」をする必要があります。「こんなに苦しい人生なのに、何が笑えるもんか」と拒絶反応《きょぜつはんのう》を起す前に、まず大声で笑ってみましょう。なかなか笑えない人は、マンガやテレビの漫才《まんざい》を見て、楽しくなったすきに大声で笑ってみて下さい。笑いは心の窮屈さを取り、心の固《かたま》りをほぐし、悲しみや、屈辱《くつじょく》や、怒《いか》りを忘れさせてくれます。

心が明るくなったら、できるだけ人生の明るい面、楽しい面、美しい面を見つけて、それを

言葉に表わしましょう。けさは朝日がすがすがしくレースのカーテンから注いでいたこと。友人がくれた花のつぼみがふくらんだこと。いつもより気分が軽く、気持がいいこと。食事がおいしかったこと。お茶の香りがよかったこと。奥さんが新婚時代にやさしかったこと。上司にほめられたこと。家族が元気で生きていること。そして、あなたの体の故障していない器官《きかん》が、きょうも順調に、気持ちよく、働きつづけてくれていること――明るいこと、よいことは、探《さが》せばさがすほど出てきます。出てきたら、隣の人に話してみましょう。友だちと会う時に、言葉にしてみましょう。きっと相手も楽しくなり、表情は明るくなり、それを見て、あなたもさらに楽しくなります。

本当に治りたいのか？

病気で苦しんでいる人に向かって「あなたは治りたいですか？」と質問すれば、その人はきっと即座《そくざ》に「治りたい」と答えるでしょう。しかし、その病人が独《ひと》りになった時、「私は本当に治りたいのだろうか？」と同じ質問を自分に向かって真剣に投げかけてみると、答えはそれほど簡単でない場合が多いのです。病気である方が、かえって好都合《こうつごう》だと密《ひそ》かに考えている人も案外《あんがい》います。病気であれば、知人の同情が集まります。上司に叱《しか》られることはありません。競争社会の荒波《あらなみ》から抜け出せます。同情する家族の上に君臨《くんりん》し、何でも指《さ》し図《ず》できます。独りでじっくり考える時間がもてます。本が読めます。満員電車に一時間近くスシ詰《づ》めにされることもありません。現在意識《げんざいいしき》では「治りたい」と思っていても、潜在意識《せんざいいしき》が病気を現実逃避《げんじつとうひ》の手段として歓迎していることは多々《たた》あります。病気を現実から逃避するための手段にする傾向《けいこう》は、まだ母親から精神的に〝乳離《ちちばな》れ〟していない男性、父親と心理的関係が近すぎる女性など、まだ精神的に完全に自立していない人に多く見られます。

　これと同じような「現実逃避」の心理をもっているのが、アルコール依存症者《いそんしょうしゃ》です。アメリカの精神医学者カール・A・メニンジャー博士（Karl A. Menninger, 1893～1990）は、アルコールの誘惑《ゆうわく》に身を任せる人の潜在意識の中に「子供として取り扱ってもらいたい」という願望があることを、次のように分析しています。

アルコールには、人間が現実に直面する苦痛をある程度軽減《けいげん》し、また、情緒的軋轢《じょうちょてきあつれき》からくる精神上の苦悩《くのう》を緩和《かんわ》してくれる特質があるから、そのためにアルコールを求めるというのであれば、その限りにおいて、自己救治《じこきゅうじ》の手段であるとみることができる。常習的《じょうしゅうてき》飲用者《いんようしゃ》のなかには、この事実を認識している人もある。しかし、人間が定期的にこれを用いるのは、多少愉快《ゆかい》の度を過ごしたものであって、その結果、だらしがなくなったり、ゴタゴタを起こしたり、まわりの人々を失望させたにしても、何もムキになって怒《おこ》るほどのことはないじゃないかと弁解してみても、その理屈《りくつ》は通らない。子供として取り扱ってもらいたいとか、自分の真剣な攻撃を見のがしてもらいたいという願望は、誘惑に負けてアルコールに耽溺《たんでき》する型の人の特徴となっている。

（草野栄三良訳『おのれに背くもの〈上〉』、二三四頁、日本教文社刊）

「自己破壊《じこはかい》」の願望

メニンジャー博士は、アルコール依存症者《いそんしょうしゃ》の心理の中に「幼児性《ようじせい》」を見出《みいだ》しただけではありません。良心や理性をマヒさせ、他人の前に「幼児性」をさらけ出す作用のある酒を、日常的に、しかも過度に飲まざるをえないという状態は、患者の潜在意識《せんざいいしき》の奥に「自己処罰《じこしょばつ》」や「自己破壊」の願望があるのが原因だと結論したのです。

さらに博士は、アルコール依存症者のみならず、精神病者、神経症的《しんけいしょうてき》に病弱な人、禁欲主義者《きんよくしゅぎしゃ》、殉教者《じゅんきょうしゃ》などの潜在意識も、やはり同じような「自己破壊」や「自己処罰」を望んでいることを指摘《してき》しました。つまり、私たちの潜在意識の中には、「自己破壊」や「自己処罰」の願望が隠《かく》れていることがあり、このような場合には、いくら現在意識で「治りたい」と願っていても、潜在意識が「治る」ことを拒否しているので、自分自身で、病気が治ることを妨《さまた》げるような行動を無意識にとる、というのです。

こんな場合には、精神の根本的《こんぽんてき》な変革《へんかく》が必要です。自分自身の潜在意識を説得して、「自己破壊」や「自己処罰」をする必要がないことを悟《さと》らせなければなりません。そのためには、精神分析《せいしんぶんせき》を受けることも必要かもしれません。しかし、別の方法として、宗教によって「人間の本性《ほんせい》は完全で罪はないから、自己破壊や自己処罰をする必要もない」ことを知れば、やはり同じように「自己処罰」や「自己破壊」の願望を潜在意識から消すことができるのです。

この本では、次の第三章で「人間の実相《じっそう》（本当のすがた）は完全であり、罪はない」ことを説明し、さらに『病気はこうして治る──実践篇──』の第一章では、その「人間の実相」を体験的に知るための方法として、座禅《ざぜん》にも似た「神想観《しんそうかん》」という行事のやり方を説明します。同書の第二章は、多くの病気の原因であるストレスを解消するための最良の方法として、「感謝の心」を取り上げています。

＊1　『夢判断』　一九〇〇年に刊行されたフロイトの著作（*Die Traumdeutung*）。夢によって無意識《むいしき》の世界を知ることができると考え、夢の意味とそれが生まれる仕組みを探求《たんきゅう》。われわれの見る夢は、抑《おさ》え込《こ》まれた無意識の願望が現れたものであることを明らかにした。

＊2　「鬼門の方角に便所がある家に住めば、不幸が起る」　鬼門《きもん》とは、北東（艮《うしとら》）の方位のことであり、古代中国では、鬼が出入りする方角であるとして、万事に忌《い》むべき方角とされてきた。

＊3　超越意識　潜在意識の底にある宇宙意識《うちゅういしき》の、さらに底にあるとされる高次《こうじ》の意識。谷口雅春師はこれを人間の神性《しんせい》・仏性《ぶっしょう》にあたる意識と指摘している。

＊4　超在意識　超越意識に同じ（ともにsuper-consciousnessの訳語）。

＊5　内分泌腺　ホルモンの分泌《ぶんぴ》を行う器官《きかん》。

＊6　三界唯心　三界《さんがい》（一切衆生《いっさいしゅじょう》が生死して輪廻《りんね》を繰《く》り返《かえ》す世界）のすべては心によって映し出された現象で、心を離れて別に事物《じぶつ》が存在するのではないということ。『華厳経《けごんぎょう》』に基づく。

＊7　大本教　神道的宗教の一派。一八九二年、出口なおが創始《そうし》。一九二一年と一九三五年、二度にわたり当局の弾圧を受ける。二度目の弾圧の後、一九三六年に解散。一九四六年「愛善苑《あいぜんえん》」として再発足。一九五二年「大本」と改称《かいしょう》。生長の家立教《りっきょう》前の谷口雅春師夫妻が一時期入信《にゅうしん》されていた。

＊8　不敬事件　大本教の宗教活動が不敬罪《ふけいざい》にあたるとして、一九二一年（大正十年）に当局が行った弾圧事件。

＊9　倉田百三　日本の劇作家、評論家（一八九一～一九四三）。宗教文学の著作で知られる。

＊10　僧帽弁　心臓の左心房《さしんぼう》と左心室《さしんしつ》の間にある弁。

第三章　「実相」とは？

本来のすがた

私たちの体には〝自然療能博士《しぜんりょうのうはかせ》〟ともいうべき知性のある生命力が宿《やど》っているという話を第一章でしましたが、前章では「その生命力の活動も本人の〝心の形〟によって影響を受け、病気の形を表わすことがある」という話をしました。ですから、病気を治すためには〝自然療能博士〟の活動をさまたげている〝心の形〟を取り除《とのぞ》けばいい、ということになります。つまり、生命力が一〇〇パーセントの活動をしていれば、私たちは健康であるということです。言い方を変えれば、私たちの体は本来、健康以外の何ものでもないということになります。この「本来のすがた」を「実相《じっそう》」といいます。「本当にあるもの」という意味です。

本当にあるものは、神様がつくられたものだけです。神様は完全でありますから、不完全なものは決してつくられません。ですから、不完全なものは本当には存在しないのです。不完全な〝病気のすがた〟などというものは、人間の心の状態が影《かげ》を映《うつ》しているにすぎません。

私たちの肉眼に「病気」という状態があらわれて見えるのは、例えば、満月がくもって見えるようなものです。仮《か》りに「月がくもった」と私たちは言いますが、本当は「くもり」というものは満月のどこにもありません。地球に雲がかかっているだけで、実際の月には決して雲はかかっていません。それと同じように、肉眼には「病気」という姿があらわれていても、「本当の人間」は決して病気ではないのです。

地球上の水蒸気が凝結《ぎょうけつ》して雲になって見えるように、私たちの「まちがった想念《そうねん》」が凝結して、病気の姿に見えているにすぎないのです。神様が人間を健康な状態につくられた以上、人間は一度だって病気になどなれるはずはありません。人間の健康を支えている力は、「本当にある力」ですが、病気の状態を現わしている力は、私たちの意志によってどうにでも変えられる「主観《しゅかん》の産物《さんぶつ》」にすぎません。こんな弱い力が、「本当の人間」を不健康になどできるはずはないのです。この「本当にある力」「本当にあるもの」が実相《じっそう》です。

アサガオの花はどこにあるか？

「それでは、実相を見せろ」とおっしゃる方がいるかもしれませんが、実相とは一つの普遍的《ふへんてき》生命《せいめい》であって、物質のような形はありません。ですから、見せろといっても、見せることはできません。いわば、形は「無」ですが、その「無」の中にあらゆる形を備えているのです。

少しわかりにくい説明になってしまいましたが、例えば「アサガオの種《たね》」を考えてみて下さい。あたりまえの話ですが、アサガオの種子《しゅし》を土に蒔《ま》くと、やがて成長してアサガオの花が咲きます。とすると、アサガオの種の中に、アサガオの花の〝原形〟があるわけです。しかし、アサガオの種の中をどんなに顕微鏡《けんびきょう》でのぞいてみても、〝花の原形〟は見えません。見えないけれども、アサガオの花の形は種の中にあるのです。そうでなければ、東北地方で蒔いても、九州で蒔いても、赤土《あかつち》の上に蒔いても、粘土質《ねんどしつ》の土に蒔いても、肥料《ひりょう》の成分が変わっても、生命のあるかぎり「アサガオの花」の形が出て来ることの説明がつきません。では、〝花の原形〟はどこにあるのでしょう？　それは物質の成分が、種のどこかに花の形で並んでいるのではありません。〝花の原形〟は、種子の「奥」というか、「背後」というか、ともかく物質の世界を超《こ》えたところに、「物質ではない形」「心でできた形」ともいうべきものとして存在しているわけです。

これが「理念」であり、実相の世界、「本当のものの世界」には、このような理念が無限にあるのです。それが「目に見える世界」に現われて、いろいろの形の物質となります。物質は形がくずれますが、非物質で〝物質ぬきの形〟である理念は永久にくだけることはありません。

人間の実相《じっそう》も「理念の人間」でありますから、永遠にくだけず、病気にならず、バイキンに侵《おか》されることもないのです。

車はどこに？

仏教の禅宗《ぜんしゅう》では〝第一の書〟といわれている『無門関《むもんかん》』*1に、次のような話があります。

「中国の黄帝《こうてい》の時代に、奚仲《けいちゅう》という人がいて、車を百個作ってみたけれども、なぜか、自分の作った車の両方の車輪を外し、車軸《しゃじく》も引きちぎって何かを調べていた」というのです。『無門関』は「奚仲はいったい何を調べていたか？」という公案《こうあん》を提出しているのですが、皆さんは、どう思いますか？

こういう解釈《かいしゃく》ができます。

奚仲は、自分で作った「車」とは、いったい何だろう。「車」はどこにあるのだろう、と調べていたのです。

奚仲は車から車輪を外し、車体を台車から外し、車の心棒《しんぼう》まで抜いて、車を部分品にバラバラに分解してしまったけれども「車はどこにあるのか？」という疑問には答えられなかったのです。また「部分品が集まれば車になる」と思って、バラバラにした部品を集めてもみました。しかし、部分品ばかりをいくら積み上げてみても、「車」の形にはならない。では、車はどこにあるのでしょうか？

もう皆さんはおわかりでしょうが、車は単に部品のよせ集めではなく、「一定の目的とデザインに沿って、すべての部品が集合・配置されたもの」ですから、車の〝原形〟は、もともと車の発明者の心の中にあったものです。奚仲の車も、「回転力を利用して人を載《の》せ、物を運ぶ」という〝車の理念〟なくしては、ガラクタと同じです。この理念に合せて部品を組み立ててこそ、はじめて「車」の形になるのですから、「車は人の心の中にある」というのが正しい答えでしょう。

音楽はどこに？

これと同じようなたとえ話が、『涅槃経《ねはんぎょう》』*2というお経にもあります。

ある国の王様が、ある日、とても美しい音色《ねいろ》の音楽を耳にしたので、「あれは何か？」と、

側近《そっきん》の大臣に聞いたというのです。大臣が「あれは音楽でございます」と答えると、この王様は「その音楽をここへ持ってまいれ」とおっしゃったそうです。そこで大臣の命令に従って、側近の者たちがその音楽を弾《ひ》いていた楽器を王様の前に運んで来て、「ただいま、お持ちして参りました」と言ったそうです。すると王様は「これが音楽であるか」と言いながら、楽器の絃《げん》を取り外し、胴《どう》を取り外し、部品を全部取り外してみて「どこに音楽があるというのだ。音楽はどこにもないじゃないか、お前はなぜ、余《よ》が言ったとおり音楽を持参《じさん》しないのか！」と怒り、その大臣を厳罰《げんばつ》に処《しょ》したというのです。

人間の実相《じっそう》は完全である

さて、「理念」が形あるものの〝原形〟であることは、おわかりいただけたと思います。「アサガオ」や「車」や「音楽」に、理念があるように、私たち人間にも、理念があります。この「理念」があるからこそ、あなたも、おとなりの鈴木さんも、佐藤さんも、ロシアのプーチン大統領*3も、アメリカのブッシュ大統領*4も、ソクラテス*5も、孔子《こうし》*6も、「目が二つで、胴体に手と足が二本ずつついている」というような鳥や昆虫など、他の生物とは違う「人」としての一定の外観《がいかん》を備えているわけです。

「人間」の理念は、完全なものとして実相世界に存在します。これが「本当の人間」です。私たちが目で見、耳で聞き、膚《はだ》で感じる世界には、良い人や悪い人がおり、また良い人同士がいがみ合っていたり、悪い人が幸福そうに生活している姿が見えるなど、不完全なことが多々《たた》あります。まさに善と悪とが混淆《こんこう》した姿があらわれることが多いのですが、これは「現われている世界」という意味で「現象世界《げんしょうせかい》」といい、「本当にある世界」、神様がつくられた「実相世界」ではありません。善であり、完全であり、全能である神様が、間違って悪や不完全をつくり出してしまう、などということはありえません。これと同じように、「本当の人間」は神様がおつくりになったものですから、病気にかからず、老衰《ろうすい》もせず、死ぬこともありません。実《じっ》相《そう》世界では「病気が治る」ということさえないのです。なぜなら、実相世界には「病気」というような不完全なものは、もともと存在しないのですから、「初めから治っている」のが本当の姿です。

それでは、なぜ人間は「病気の姿」に現われるのでしょうか？　神が完全であり、人間も完全であるならば、なぜ「病気」などという不完全な姿が現われるのでしょうか？

第一章では「心の迷い」「ストレス」が病気の原因だとお話ししました。第二章では、「憎《にく》しみ」や「怒《いか》り」などの〝心の形〟が、体に象徴的《しょうちょうてき》に表現されたものが「病気」であることをお話ししました。しかし、そもそもなぜストレスの原因となるような心の葛藤《かっとう》が生じ、病気となって表われるほどの「憎しみ」や「怒り」の心が生じるかについては、まだ説明しておりません。

「心の迷い」とは

このような「心の迷い」は、私たち人間の心がつくり出した「迷い」です。まず、この点を強調しておきましょう。「人間の心がつくり出した」ということは、神様がつくり出したものではないので、「本当には存在しない」といわねばなりません。また、「人間が作った」という意味では、「だから、人間の力で消すこともできる」ということにもなります。

「迷い」というと、一般的には「二つのもののうち、どちらを取っていいかわからない」というような一種の〝不決断《ふけつだん》〟の状態をいいますが、この場合の「迷い」とは、「一つのものしかないのに、もう一つ別のものがある」と思い違いする状態を指《さ》します。端的《たんてき》にいえば「ないものを有《あ》る」とカン違いしたり、逆に「有るものをない」と思ったりすることです。ある種の〝誤解《ごかい》〟ですが、一般で使われているような、単なる「思い違い」程度の誤解ではなく、「思い違い」の基礎《きそ》の上に立って、ある決断をし、それを実行の段階にまで移してしまっているというような「行動をともなった重度《じゅうど》の誤解」です。このような〝誤解〟の一例を、イギリスの文《ぶん》豪《ごう》・シェイクスピアは戯曲《ぎきょく》『オセロー』の中で見事に表現しています。世界的に有名な作品なので、詳《くわ》しい説明は省略しますが、ストーリーを短かく要約《ようやく》すると次のようになります。

　将軍オセローは、美しい愛妻《あいさい》デズデモーナとともに離島《りとう》の守備隊指揮官《しゅびたいしきかん》として任地《にんち》におもむきますが、この島に滞在中、オセローの部下であるイアーゴーは、主人の妻デズデモーナに思いを寄せるあまり、オセローに彼女の貞節《ていせつ》を疑わせて、二人の仲を引《ひ》き裂《さ》こうと奸計《かんけい》を練《ね》ります。イアーゴーの策略《さくりゃく》によると、デズデモーナの〝姦通《かんつう》〟の相手は、副官《ふくかん》のキャシオーです。キャシオーは、オセローが最もお気に入りの部下で、彼の家へ頻繁《ひんぱん》に出入りし、オセローやデズデモーナと食事を共にする仲でした。デズデモーナも、夫がキャシオーを高く評価していることを知っていたので、キャシオーには親切でした。ところが、キャシオーにはたった一つ、欠点がありました。それは、酒を飲むと我《われ》を忘れることでした。イアーゴは、このキャシオーの酒乱《しゅらん》を利用して、わざと流血《りゅうけつ》事件をひきおこさせ、その失態《しったい》のとりなしをデズデモーナにやらせるように仕向《しむ》けました。こうして、お膳《ぜん》立てを整えてから、イアーゴーはオセローに対して「デズデモーナとキャシオーの関係はただごとではない」という疑念を、遠回しに、しかし的確《てきかく》に吹き込んでいきます。イアーゴーは、オセローが妻に贈った〝愛のしるし〟としてのハンカチーフを盗み出してキャシオーの寝室に隠《かく》すなどの小細工《こざいく》もしました。それが〝決定的な証拠《しょうこ》〟となり、嫉妬《しっと》に狂ったオセローは、実際には存在しない〝姦通《かんつう》〟を理由に、ついに忠臣《ちゅうしん》を傷つけ、最愛の妻を、殺してしまうのです。

選択の自由

さて、オセローの「心の迷い」は、なぜ生じたのでしょう？　この物語では、悪《わる》だくみをしたイアーゴーが疑念《ぎねん》を吹き込んだ形になっていますが、疑念を「吹き込んだ」のが彼であったにせよ、その疑念を「受け入れた」のはオセローです。イアーゴーが妻の〝不貞《ふてい》〟を暗示した時点で、オセローには妻の不貞を「絶対ありえない」と断乎《だんこ》として否定することもできたし、また、「ありえることかもしれない」と疑念を受け入れることもできました。オセローはこの時、選択の自由を与えられていたのです。疑念をもつ自由も、疑念をしりぞける自由もありながら、妻自身の真意《しんい》を確かめもしないで疑念をもったことが、オセローの悲劇の始まりでした。選択の仕方がまちがっていたといえます。

私たちにも、オセローと同じように、この「選択の自由」が許されているため、「心の迷い」が生じることが多々《たた》あります。オセローが自由意志《じゆういし》によって、実際には〝姦通〟など夢想《むそう》もしなかったデズデモーナに「姦通があった」と信じた結果が悲劇の始まりであったように、私たちにも、大した根拠《こんきょ》もないのに「悪があった」「不貞があった」「不誠実があった」などと安易に信じてしまうことがあるので、そこから心の葛藤《かっとう》が生まれ、病気を併発《へいはつ》することがあります。

「迷い」を去るには

このような「迷い」を去るためには、どうすればいいのでしょうか？　それは「真実」を知ればいいのです。真実を知るためには、まず、目の前の「真実」も「真実」ではないかもしれないと考える柔軟《じゅうなん》な心をもたなければなりません。オセローがデズデモーナに贈ったハンカチーフが「キャシオーの寝室から出て来た」ことは、まぎれもない事実です。しかし、だからといって、必ずしも「デズデモーナがキャシオーと密通《みっつう》した」ことを意味しません。「事実」は「イアーゴーがデズデモーナからハンカチーフを盗み、それをキャシオーの寝室に隠《かく》した」ということです。そのことを知れば、オセローは何も忠臣《ちゅうしん》を傷つけ、最愛の妻を殺すことはなかったのです。オセローの「迷い」は「真実の不存在」を前提《ぜんてい》としてます。「迷い」が存在しているのではなく、「真実」が不在なのです。

「迷い」が「真実の不在」であるのと同じように、「迷い」の結果である「悪」も、「善の不在」の状態にすぎません。「悪」が「存在」するのではなく、「真実」や「善」の現われ方が足りないのです。オセローの物語でも、もっと「真実」が現われれば〝忠臣傷害《ちゅうしんしょうがい》〟や〝妻殺し〟などの悪は現われて来なかったはずです。つまり、オセローが真実を知れば、イアーゴーはきっと追放なり逮捕《たいほ》されますから、デズデモーナとの愛は存在し続けるし、キャシオーとの信頼関係も続いたでしょう。「悪」は、イアーゴーの心の中にある段階で、その発現《はつげん》を防止されたはずです。

それでは、そもそもイアーゴーの心の中になぜ「悪」が、現われたのでしょうか？　シェイクスピアの戯曲《ぎきょく》では、イアーゴーは「悪」の代名詞《だいめいし》のような形で登場してきますが、イアーゴーという人間の心の中は、本当に「悪」ばかり詰《つ》まった暗黒の状態だったのでしょうか？　もしそうだとしたら、その「悪」が現われる原因は何だったのでしょうか？

悪は本来ない

この章の初めに、私たち人間の「本当の姿」は、神様がつくられたものであるから完全であり、健康であるという話をしましたが、これと同じように、神様がつくられた「本当の人間」の中には、「悪」が生まれる余地《よち》はありません。それでは、なぜイアーゴーの心の中に「悪」と呼ぶべきものが生じたのでしょう？　この質問に対する答えも、この章の初めで少しお話ししました。

つまり、イアーゴーの「悪」は、イアーゴー自身が心に描《えが》いた「まちがった想念《そうねん》」や「迷い」の産物《さんぶつ》だということです。神様がつくられたものではなく、イアーゴーが自分でつくったものですから、イアーゴー自身が「真実」と「本当の自分の姿」に目覚《めざ》めれば、彼の「悪」はたちまち消え去るべきものです。「悪」とは、「善の不在」の状態ですから、善である真実が現われれば、光に当てられた闇《やみ》のように、たちまち消え去っていくのです。

イアーゴーの悪だくみの動機は、出世欲《しゅっせよく》と嫉妬《しっと》でした。そのことは、この戯曲《ぎきょく》の冒頭《ぼうとう》と第二《だいに》幕《まく》に、イアーゴー自身の言葉として次のように出ています。「奴《やつ》」とはオセローのことです。

「この町のお歴々《れきれき》が三人、親しく奴に会って、このおれを副官《ふくかん》にと頭をさげて頼んでいるのだ。口はばったいが、自分の値打ちは自分で知っている、どう踏《ふ》んでもそのくらいの地位は当然だ。それを奴は……『まことの話』……『既《すで》に副官は任命ずみのことなれば』。ところで、その男が誰だと思う？　いやはや、それが算数の大家《たいか》、マイケル・キャシオーと名のるフローレンス人……」

（福田恆存訳『オセロー』、新潮文庫、九～一〇頁）

「副官」という地位への執着《しゅうちゃく》、それを許さなかったオセローへの怒《いか》り、自分のかわりに副官となったキャシオーへの嫉妬《しっと》が、よく表現されています。デズデモーナへの思いも、次のように語られています。「ムーア」とはオセローのことです。

「ところで、ムーアだ、おれにとってはどうにも我慢《がまん》のならぬ男だが、誠実で、情の深い、高潔《こうけつ》な人柄《ひとがら》、どう考えようと、デズデモーナにとっては、ほかに掛《か》けがえのない亭主《ていしゅ》と言わねばなるまい。さて、このおれも御同様《ごどうよう》、あの女に惚《ほ》れている、かならずしもあの道だけが目あてにあらず……それよりは、ともかく自分の恨《うら》みがはらしたいからだ。訳《わけ》は大あり、どうやらあの色好みのムーアめ、おれ様専用の鞍《くら》にまんまと納まりこんだことがあるらしい。その姿をちらと思い浮べただけで、まるで毒でも飲まされ、腹わたが焼けただれるような苦しさだ」

（前掲書、五六頁）

「実相《じっそう》」を知れば悪は消える

このようなイアーゴーの「まちがった想念《そうねん》」が、悲劇の原因でした。これが「迷い」です。自分の「本当の姿」を知らずに、「あれがほしい」「これがほしい」「名誉《めいよ》がほしい」「地位がほしい」「美しい女がほしい」「出世《しゅっせ》した男が憎《にく》い」「美しい妻をもった男が憎らしい」と思うような、一種の〝飢餓《きが》状態〟がここに表われています。何かを外部から自分のところへ引き寄せ、それをしっかりとつかんでいなければ満足できない状態。自分が満足できなければ、相手を憎むというような、嫉妬心《しっとしん》。このような心が、イアーゴーを悪事《あくじ》に走らせたのです。彼は自分の計画を遂行《すいこう》するために、妻エミリアにしつこくせがみ、理由も話さずにデズデモーナのハンカチーフを盗ませました。このハンカチーフが〝姦通《かんつう》の証拠《しょうこ》〟としてオセローを激怒《げきど》させることになるわけですが、戯曲《ぎきょく》の最終部では、エミリアが夫の悪事に利用されたことに気づいて怒《いか》り、すべてを暴露《ばくろ》しようとしたので、イアーゴーは「口封《くちふう》じ」のために妻を殺すという「悪事の上《うわ》塗《ぬ》り」までし、最後には逮捕《たいほ》されてしまいます。イアーゴーにとっては、「オセローを苦しめる」という目標は見事に達成しましたが、それによって自分も破滅《はめつ》していく結果となりました。「愚行《ぐこう》」というほかはありません。

さて、イアーゴーを悪事《あくじ》に走らせた「迷い」について、もう少し考えてみましょう。彼の心の中には、〝飢餓感《きがかん》〟が満ちていました。単に自分が一人で存在するだけでは寂《さび》しくて仕方がない。地位がほしい、名誉《めいよ》がほしい、美しい女がほしい……。外にあるあらゆるものを、自分のものとして所有したい。イアーゴー自身はすでに「旗手《きしゅ》」という地位にあり、「エミリア」という妻がありながら、それでも満足できずに「副官《ふくかん》」の地位がほしい、「将軍の妻」がほしい、と欲望は限りなくひろがっていきます。一種の〝魂の飢餓状態〟がここに表われているわけですが、それは彼の魂が「自分の実相《じっそう》は神様がつくられたままの完全なものである」という事実に気がつかないからです。外部から何も付け加えなくても、自分の内部にすでに「完全」が存在することを知れば、「ほしい」という感情は生まれてきません。「他人」と見える相手も、自分と同じ神様の創造《そうぞう》であり、心の深奥《しんおう》では自分とつながっていることを知れば、他人から「地位を奪《うば》おう」「女を奪おう」という感情も起りえないでしょう。「真実」を知れば「迷い」は消えます。「迷い」が消えれば、迷いの産物《さんぶつ》である「悪」も「病気」も消えていきます。ですから、私たちが「不幸」と見える状態をなくそうと思ったら、まず自分の心で「人間の実相は完全である」ことを観《かん》じ、それを認めることから出発しなければなりません。

「実相」はなぜ完全なのか

それでは、「人間の実相は完全である」ということが、どうしてわかるのでしょうか? ことわざの中に「馬の耳に念仏《ねんぶつ》」とか「ネコに小判《こばん》」とかいうのがありますが、これには「価値あるものを与えても、相手にその価値がわからなければムダである」という意味があります。念仏宗《ねんぶつしゅう》*7のお坊さんは念仏の価値を十分知っていますから、念仏の前ではきっと「有難い」と合掌《がっしょう》されることでしょう。しかし、馬には「念仏の価値」を認める能力がありませんから、いくら馬の前で念仏を唱《とな》えても、それはムダです。では、お坊さんが念仏を聞いて「有難い」と合掌するのはなぜでしょうか? それは、「念仏の価値」をそのお坊さんがよく理解し、自分のものとしているからです。お坊さんの中に「念仏の価値」がなければ、お坊さんは「念仏は有難い」と合掌するはずがないのです。これと同じように、私たち人間が「完全」という概念《がいねん》を知っており、「完全」を求める志向性《しこうせい》をもっているということは、とりもなおさず、私たちの中にすでに「完全」が存在しているからだと言えるでしょう。

私たちが「善」や「美」や「理想」を求めるということは、私たちの魂の奥深くに、すでに

「善」や「美」や「理想」が存在しているからです。内部のどこかで、「善」や「美」や「理想」の体験があるために、それを外の世界にうつし出して「理想」や「完全」や「神」を求めるのです。私たちの外側のどこかに「神」や「完全」があるのではなく、私たちの深奥部《しんおうぶ》に「神」がおり、「完全」がすでに存在しているのです。もともと「不完全」なものには「完全」という観念を想像することさえできないでしょう。もともと「悪」であるものには「善」という観念《かんねん》を理解できないでしょう。もともと「醜《みにく》い」ものには「美」などという言葉さえ思いつかないでしょう。しかし、私たちが「完全」や「善」や「美」という観念を理解できるというこの事実が、人間の実相《じっそう》が「完全」であり、「善」であり「美」であることを証明しています。

「それでは、同じ論法《ろんぽう》で我々に『悪』や『不完全』や『醜《しゅう》』という観念が生じるのは、我々の中に『悪』や『不完全』や『醜』が存在するからではないか」という、反論もできるかもしれません。しかし、この論理には、重大な見落としがあります。それは、私たちが現実に、「完全」や「善」や「美」を目の前にした時の感情と、逆に「不完全」や「悪」や「醜」を目の前にした時の感情や態度の違いです。現実には、絶対的な「完全」というものは目の前にはできませんが、「完全により近い芸術品」や「人の善行《ぜんこう》」や「美しい音楽」に接した時、私たちは理屈《りくつ》ぬきで、自然に、心の底から肯定的《こうていてき》な感情が湧《わ》き出《で》てきます。しかし、逆に故障ばかりしている「不完全な自動車」や「戦争」などの悪、醜い「交通事故の現場」などを目前《もくぜん》にすれば、これまた理屈ぬきで否定的な感情が噴《ふ》き出《だ》してきます。もともと人間が「悪」であるのなら、なぜ、「善」を前にした時に肯定的な感情が現われ、「悪」を前にした時には否定的な感情が出てくるのでしょう？　私たちが心の底で否定し、拒絶《きょぜつ》するものは、もともと私たちの本質とは異質のものだからです。私たちが心の底で肯定し、受容《じゅよう》するものは、私たちの本質と同質であり、近いものだからです。このような「心の底の体験」について、私たちはウソをつくことはできません。自分自身にウソをつくことはできないのです。

「実相」を現わすには

さて、人間の実相は「完全」であり「健康」であり、「美」であり「善」であるということは、おわかりいただけたと思いますが、その「実相」は、頭で理解しただけでは現実世界に現われてはきません。私たちの心には、毎日の生活や対人関係の処理に追われているあいだに、知らず知らず「怒《いか》り」や「憎《にく》み」や「イライラ」や「嫉妬《しっと》」などの〝ゴミ〟や〝ホコリ〟が積もっていきがちです。医学では「ストレス」と呼ぶものですが、このような〝ゴミ〟の積もりが、私たちの「実相」をくもらせているのです。「実相」は自ら見つけ、認め、観《かん》じ、引き出さねばなりませんが、ストレスがたまった状態では、そのような心の余裕《よゆう》はありません。そこで第一には、心の余裕《よゆう》をもつような時間を作ることが必要でしょう。

また、私たちの目、耳、鼻、口、皮膚《ひふ》、などの感覚器官《かんかくきかん》は、完全な「実相《じっそう》」ではなく、物質的形態《ぶっしつてきけいたい》として不完全に現われているものを認識するようにつくられていますから、感覚器官によって知覚《ちかく》される世界は、どうしても不完全で、「実相」とはほど遠いものです。そこで、実相を観《かん》じるためには肉眼の目を閉じて、〝心の目〟を開くようにしなければなりません。これには、キリスト教の「祈り」や仏教の「座禅《ざぜん》」とも似た行事を行います。

生長の家では「神を想《おも》い観《み》る」という意味で「神想観《しんそうかん》」といっていますが、この一種の座禅によって、自分の内部にいる「神」を見つめ、観じることが、「実相」を現わし、病気を治すためには必要です。

さらに、病気を起すような「心の迷い」をもっている人は、どこか必ず孤独感がひそんでいます。しかし、人間は「実相」という心の深奥部《しんおうぶ》では互いに連絡し、共感しあうものです。この実感を体験することが「実相」を知るための強力な方法といえるでしょう。それには、これまでの〝孤独のカラ〟を破《やぶ》って、他人に「親切」を行うことが一番の方法です。生長の家では「愛を行う」という意味で「愛行《あいぎょう》」と呼んでいますが、「実相」を知るためには、この「愛行」によって他人が喜び、それを見て自分の心にも喜びを感じるという「自他一体感《じたいったいかん》」を体験することが必要です。

「実相」を知る一方で、日常生活や対人関係で生じた「憎《にく》み」「怒《いか》り」「イラ立ち」「嫉妬《しっと》」などの〝心の迷い〟を解消させることが大切です。これには、「コトバの力」を利用して「憎んでいた相手にも感謝する」という努力が必要となってきます。「感謝」は、人に対する憎み、怒りなどの執着心《しゅうちゃくしん》を捨《す》て去《さ》り、自他一体感を回復するための最良の方法です。感謝によって病気が治った例は、たくさんあります。

では、「実相」を知り、病気を解消する方法の中から、「神想観」と「感謝」について『病気はこうして治る――実践篇――』の第一章以下でもう少し詳《くわ》しくお話ししましょう。

＊1　『無門関』　中国・南宋の僧、無門慧開《むもんえかい》（一一八三～一二六〇）が、古来《こらい》の禅の公案《こうあん》（参《さん》禅者《ぜんしゃ》を悟《さと》りに導くために出される課題）を四十八篇選んで解説した禅の書。

＊2　『涅槃経』　釈迦《しゃか》が亡くなる直前の教えを中心とした書。すべての衆生《しゅじょう》に仏性《ぶっしょう》が本来そなわっていること（一切衆生悉有仏性《いっさいしゅじょうしつうぶっしょう》）を説《と》く。『大般涅槃経《だいはつねはんぎょう》』に同じ。

＊3　プーチン大統領　ウラジーミル・ウラジーミロヴィチ・プーチン（Vladimir Vladimirovich Putin　一九五二～　）ロシア連邦の第二代大統領（二〇〇〇～二〇〇八）および第四代大統領（二〇一二～　）。

＊4　ブッシュ大統領　ジョージ・ウォーカー・ブッシュ（George Walker Bush　一九四六～　）

アメリカ合衆国の第四三代大統領（二〇〇一～二〇〇九）。

＊5　ソクラテス　古代ギリシャ・アテナイの哲学者（紀元前四七〇頃～三九九）。その教説《きょうせつ》や言行《げんこう》は、弟子のプラトンによる『対話篇』などに残されている。

＊6　孔子　中国の思想家（紀元前五五一～四七九）。彼が説いた仁《じん》（人間愛）や礼《れい》（規範）の教えは後に「儒教《じゅきょう》」と呼ばれ、日本にも大きな影響を与えた。彼の言行を弟子らがまとめた書物が『論語《ろんご》』である。

＊7　念仏宗　阿弥陀仏《あみだぶつ》（極楽浄土《ごくらくじょうど》にいて一切の衆生《しゅじょう》を救うとされる仏。阿弥陀如来《あみだにょらい》）の救いを信じ、その名を称《とな》えて（念仏）、極楽浄土に行くことを願う仏教宗派。浄土宗、浄土真宗、時宗《じしゅう》、融通念仏宗《ゆうずうねんぶつしゅう》などがある。

誌友会《しゆうかい》のためのブックレットシリーズ5

病気《びょうき》はこうして治《なお》る——原理篇《げんりへん》——

2018年９月30日　初版第１刷発行
2019年12月５日　初版第５刷発行

編　者　一般財団法人《いっぱんざいだんほうじん》　世界聖典普及協会《せかいせいてんふきゅうきょうかい》
発行者　磯部和男
発行所　宗教法人「生長の家」
山梨県北杜市大泉町西井出8240番地2103
電　話（0551）45-7777　http://www.jp.seicho-no-ie.org/
発売元　株式会社　日本教文社
東京都港区赤坂９丁目６番44号
電　話（03）3401-9111
ＦＡＸ（03）3401-9139
頒布所　一般財団法人　世界聖典普及協会
東京都港区赤坂９丁目６番33号
電　話（03）3403-1501
ＦＡＸ（03）3403-8439
印刷・製本　東港出版印刷
装　幀　J-ART

本書の紙は、ＦＳＣ®森林管理認証を取得した木材を使用しています。

落丁・乱丁本はお取替えします。
定価は表紙に表示してあります。

ISBN978-4-531-05919-5

●自然と芸術について　誌友会のためのブックレットシリーズ 1

谷口雅宣著　本体 476 円

全国各地で開催される「技能や芸術的感覚を生かした誌友会」の意義や講話のポイントを明示するほか、生長の家の教えの視点に立った芸術論をコンパクトにまとめた１冊。

発行　生長の家

●生命倫理を考える　誌友会のためのブックレットシリーズ 2

小林光子著　本体 571 円

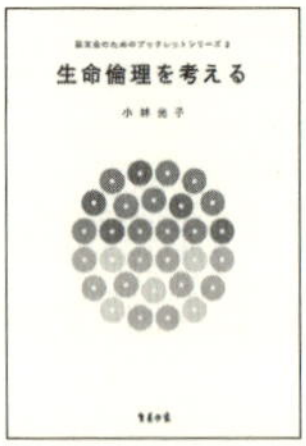

遺伝子操作、臓器移植など、生命が科学的に操作される今日、人間は生き通しのいのちをもった尊い存在であり、利己心や欲望から科学が使われてはならないとの生長の家の立場から諸問題を解説。

発行　生長の家

●“人間・神の子”は立憲主義の基礎　誌友会のためのブックレットシリーズ 3

――なぜ安倍政治ではいけないのか？

谷口雅宣監修　生長の家国際本部ブックレット編集室 著作　本体 227 円

安倍政権に日本の政治をこのまま任せた場合、政権に都合のよい憲法改正が行われ、立憲主義が守られない独裁的政治に陥る危険性がある。本書は、そのことを詳しく説明し、生長の家が目指す国の形について明示する。

発行　生長の家／発売　日本教文社

●戦後の運動の変化について　誌友会のためのブックレットシリーズ 4

谷口雅宣著　本体 227 円

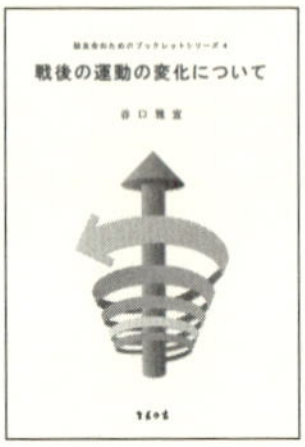

戦後の冷戦時代の生長の家の運動が、その後の世界状況の変化の中で、どのように変わってきたかを解説しながら、教えの中心部分は一貫して不変であることを説く。

発行　生長の家／発売　日本教文社

●生長の家ってどんな教え？

――問答有用、生長の家講習会

谷口雅宣著　本体1333円

生長の家講習会における教義の柱についての講話と、参加者との質疑応答の記録で構成。唯神実相、唯心所現、万教帰一の教えの真髄を現代的かつ平明に説く。

発行　生長の家／発売　日本教文社

株式会社　日本教文社　〒107-8674　東京都港区赤坂9-6-44　TEL（03）3401-9111
一般財団法人　世界聖典普及協会　〒107-8691　東京都港区赤坂9-6-33　TEL（03）3403-1501
各本体価格（税抜き）は令和元年11月１日現在のものです。